BEI GRIN MACHT SICH WISSEN BEZAHLT

- Wir veröffentlichen Ihre Hausarbeit, Bachelor- und Masterarbeit

- Ihr eigenes eBook und Buch - weltweit in allen wichtigen Shops

- Verdienen Sie an jedem Verkauf

Jetzt bei www.GRIN.com hochladen und kostenlos publizieren

Bibliografische Information der Deutschen Nationalbibliothek:

Die Deutsche Bibliothek verzeichnet diese Publikation in der Deutschen National-
bibliografie; detaillierte bibliografische Daten sind im Internet über http://dnb.d-
nb.de/ abrufbar.

Impressum:

Copyright © 2016 GRIN Verlag
Druck und Bindung: Books on Demand GmbH, Norderstedt Germany
ISBN: 9783346220127

Dieses Buch bei GRIN:

https://www.grin.com/document/901645

Fabian Kremer

Frühzeitige Steuerung in der Krise. Besondere Anreizwirkungen von Cash-flow-Größen im PKW-Absatz

GRIN Verlag

GRIN - Your knowledge has value

Der GRIN Verlag publiziert seit 1998 wissenschaftliche Arbeiten von Studenten, Hochschullehrern und anderen Akademikern als eBook und gedrucktes Buch. Die Verlagswebsite www.grin.com ist die ideale Plattform zur Veröffentlichung von Hausarbeiten, Abschlussarbeiten, wissenschaftlichen Aufsätzen, Dissertationen und Fachbüchern.

Besuchen Sie uns im Internet:

http://www.grin.com/

http://www.facebook.com/grincom

http://www.twitter.com/grin_com

Frühzeitige Steuerung in der Krise: Besondere Anreizwirkungen von Cash-flow-Größen im PKW-Absatz

Master-Thesis
für die Prüfung zum Master of Science
im Master-Studiengang Management
mit Schwerpunkt Financial Management
in der
Fakultät Wirtschafts- und Sozialwissenschaften
der Universität Hohenheim

Eingereicht von
Fabian Kremer
aus Stuttgart

Inhaltsverzeichnis

1. Zunehmende Fokussierung auf Cash-flow-Größen in Krisenzeiten

Die weltweite Finanzkrise ab 2007 führte zu einem radikalen Umbruch an den internationalen Finanzmärkten. Ausgehend von dem Zusammenbruch des amerikanischen Immobilienmarktes führte die Krise zunächst zu Insolvenzen innerhalb des Finanzsektors und schwang auch auf die Realwirtschaft aufgrund weltweiter Produktions- und Absatzrückgänge über. Als Gegenmaßnahmen stellten die Zentralbanken den Kreditinstituten über Anleihenkäufe Liquidität zur Verfügung und senkten die Leitzinsen auf historische Tiefstände. Da vor allem in den Banken die Verantwortlichen für die Krise gesehen wurden, wurden regulatorische Maßnahmen, wie eine erhöhte Eigenkapitalunterlegung für vergebene Kredite, eingeführt. Als Folge erhöhten die Banken die Anforderungen an eine Kreditvergabe an Unternehmen, da die Unterlegung mit Eigenkapital teuer ist. Für Unternehmen der Realwirtschaft bedeutet dies jedoch einen erschwerten Zugang zu liquiden Mitteln. Da die Zahlungsfähigkeit jedoch eine zwingende Voraussetzung der Fortführung der Unternehmenstätigkeit darstellt[1], wurden als Folge der Finanzkrise liquide Mittel zur knappen Ressource.

Schwierigkeiten in der Zahlungsfähigkeit treten häufig in Krisenzeiten auf, wenn der güterwirtschaftliche Kreislauf ins Stocken gerät, die Unternehmensprozesse aber trotzdem zu einem gewissen Ausmaß aufrechterhalten werden müssen. Finanzmittel werden dann zum Engpass in Krisenzeiten. Während etwa zu Zeiten der Finanzkrise in mittelständischen Unternehmen aufgrund eingeschränkter Finanzierungsmöglichkeiten oder unternehmerischer Vorsicht bereits vorab ein Fokus auf Liquidität gelegt wurde, wurde die Finanzierung von Tochtergesellschaften innerhalb von Konzernen durch liquide Mittel der Mutter ermöglicht, die einen Zugang zum Kapitalmarkt hatte.[2] Typische deutsche Konzerne sind

---

[1] vgl. Insolvenzordnung [InsO] § 17-19
[2] vgl. Weber/Wewer [Verhaltensänderung] 27

hierbei die Automobil-Hersteller. Vor allem Volkswagen wurde in jüngster Zeit nochmals von der Problematik eines Finanzierungsengpasses aufgrund des Abgas-Skandals und damit einhergehender Absatzrückgänge getroffen. Allerdings ist auch der Zugang zum Kapitalmarkt mit bestimmten Anforderungen verknüpft. Zur Finanzierung über Fremdkapital besteht etwa die Notwendigkeit, die Kreditgeber von der eigenen Zahlungsfähigkeit zu überzeugen. Doch auch die Eigenkapitalfinanzierung am Kapitalmarkt stellt erhebliche Anforderungen an die Unternehmen. Investoren verlangen Planzahlen und erwarten Ausschüttungen als Verzinsung ihres eingesetzten Kapitals. Analysten und Rating-Agenturen legen dabei jedoch weniger Wert auf die traditionellen Gewinngrößen, sondern berücksichtigen in ihren Modellen oft den Zahlungsmittelüberschuss, Cash flow genannt, der von den Unternehmen in den einzelnen (zukünftigen) Perioden erwirtschaftet wird.[1]

Interessanterweise orientiert sich dagegen die Steuerung dezentraler Einheiten innerhalb eines Konzerns oftmals an klassischen Gewinngrößen des externen Rechnungswesens.[2] Dies gilt ebenso für die Vergütung der verantwortlichen Manager. Damit existiert nur eine schwache Verknüpfung der Anforderungen des Kapitalmarktes und der Notwendigkeit der Unternehmen nach Finanzierungsquellen mit dem Steuerungssystem innerhalb eines Konzerns. Dies kann zu Management-Entscheidungen führen, die nicht im Sinne der Unternehmens- bzw. Investorenziele stehen, insbesondere wenn es um die Absicherung der Finanzierungsfähigkeit in Krisenzeiten geht. Den Kapitalmarkt-Anforderungen wird dabei auf Unternehmensebene hauptsächlich durch die Einführung von Cash-flow-Planungen mit dem Ziel einer möglichst hohen Prognosequalität begegnet.[3] Der Einbezug von Cash-flow-Größen in Anreizsystemen zur Management-Vergütung wird dagegen eher nebensächlich betrachtet.[4] Daher beschäftigt

---

[1] vgl. Haerle/Hellener/Kaum [Kerngröße] 86
[2] vgl., auch im Weiteren, Weber/Wewer [Excellence] 12 f.
[3] vgl. Haerle/Hellener/Kaum [Kerngröße] 86 f. und Weber/Wewer [Excellence] 17 ff.
[4] vgl. Weber/Wewer [Excellence] 23 f.

sich diese Arbeit mit der Eignung von Cash-flow-Größen zur betrieblichen Steuerung sowie die Ausgestaltung eines Anreizsystems mit Cash-flow-Größen als Bemessungsgrundlage. Ziel des Steuerungs-Ansatzes ist es, auch in der Management-Vergütung von Vertriebsgesellschaften der PKW-Hersteller, die Notwendigkeit für eine zahlungsmittelorientierte Steuerung sichtbar zu machen und damit auch in Krisenzeiten die Unternehmens-finanzierung sicherzustellen. Sie müssen als kapitalmarktorientierte Konzerne sowohl das Problem des Auffindens geeigneter Finanzierungs-quellen lösen, Ansprüchen von Investoren genügen und darauf basierend die dezentrale Steuerung von Organisationseinheiten gestalten.

2. Gründe für eine Cash-flow-orientierte Anreizsetzung im PKW-Absatz

2.1 Der PKW-Absatz aus Sicht deutscher Hersteller

2.1.1 Das Absatzsystem deutscher PKW-Hersteller

Die Automobilindustrie gilt als eine Kernbranche der deutschen Industrie. Um besondere Anreizwirkungen in diesem Kontext untersuchen zu können, wird zunächst deren Absatzsystem mit seinen zugehörigen Begrifflichkeiten erläutert. Zur Automobilindustrie gehören die Hersteller von Kraftwagen und deren Motoren sowie Produzenten von Straßenzugmaschinen, Anhängern, Aufbauten, Kraftfahrzeugteilen und -zubehör.[1] In dieser Arbeit wird jedoch speziell auf den Begriff der Personenkraftwagen, kurz PKW, eingegangen. Darunter werden Kraftfahrzeuge verstanden, die der Beförderung von Personen dienen und zusätzlich zum Fahrersitz nicht mehr als acht Sitze aufweisen[2], womit Lastkraftwagen oder Busse beispielsweise ausgenom-men sind. Zu den deutschen Herstellern zählen hierbei alle PKW-Hersteller mit Sitz der Muttergesellschaft in Deutschland, wodurch beispielsweise Opel aufgrund der Muttergesellschaft GM aus den folgenden Beispielen

---

[1] vgl. Verband der Automobilindustrie e. V. [DIN 70010] 7
[2] vgl. GVO [GVO 1400/2002] 35

herausgenommen wird. Die deutschen Automobilhersteller firmieren zudem alle unter der Rechtsform einer Aktiengesellschaft und sind am Kapitalmarkt notiert. Durch die internationale Geschäftstätigkeit sowie Verflechtungen durch Übernahmen, stellen die Hersteller allesamt Konzerne dar, d. h. der Konzern besteht aus einer Gruppe rechtlich selbständiger Unternehmen, die aber als wirtschaftliche Einheit von einer Obergesellschaft geführt werden.[1] Kernbezugspunkt dieser Arbeit besteht im Absatzsystem innerhalb der Sparte der Personenkraftwagen der PKW-Hersteller.

Die Distributionspolitik als Teil der Absatzpolitik eines Herstellers ist dabei, neben der Produkt-, Preis- und Kommunikationspolitik eine der zentralen Entscheidungsgrößen der Absatzwirtschaft.[2] Die Distribution wird als die Gesamtheit aller. absatzwirtschaftlicher Aktivitäten verstanden, die mit der Güterübertragung in Berührung stehen.[3] Das Distributionssystem bildet sich dann aus allen Wirtschaftseinheiten, die mit den distributiven Güter- oder Informationsflüssen verbunden sind. Ein Teilbereich davon ist das Absatzkanalsystem. Absatzkanäle sind die rechtlichen, ökonomischen und kommunikativ-sozialen Beziehungen der am Distributionsprozess beteiligten Personen und Institutionen.[4] Dem Absatzkanalsystem einer bestimmten Marke innerhalb des PKW-Absatzes werden dann alle Wirtschaftseinheiten zugeordnet, die absatzwirtschaftliche Aufgaben für die Fahrzeuge dieses Fabrikats, inklusive damit zusammenhängender Serviceleistungen, übernehmen.[5] Die Anzahl der Absatzstufen wird als Länge des Absatzkanals bezeichnet.

Der Distributionsprozess beginnt beim Hersteller, der zunächst für die Fertigung der Fahrzeuge zuständig ist, welche sich häufig im Land des Hauptsitzes des Herstellers befindet.[6] Der Hauptsitz wird als Zentrale bezeichnet und stellt auch die Obergesellschaft des Konzerns dar. Hier sind

---

[1] vgl. Küting/Weber [Konzern] 83 ff.
[2] vgl. Meffert/Burmann/Kirchgeorg [Marketing] 357 ff.
[3] vgl., auch im Weiteren, Richartz [Automobil] 15
[4] vgl. Meffert/Burmann/Kirchgeorg [Marketing] 513
[5] vgl. Heß [Konflikte] 23
[6] vgl., auch im Weiteren, Daimler [Geschäftsbericht] 74 sowie BMW [Geschäft] 18 f.

in der Regel auch die wertschöpfenden Bereiche organisatorisch zugeordnet. Der eigentliche Kontakt zum Endkunden wird dagegen
regelmäßig über rechtlich selbständige, eigene Gesellschaften in den
jeweiligen Absatzländern geregelt. Ausnahmen sind zentrale Absatz-
abteilungen, die beispielsweise spezielle Kundengruppen, wie eigene
Mitarbeiter, Behörden oder VIPs, bedienen.[1] Zusätzlich wird das
sogenannte Flottengeschäft oft zentral betreut, worunter die Belieferung
von Vermietungs- und Leasinggesellschaften, aber auch herkömmlichen
Unternehmen mit einer Dienstwagenflotte, verstanden wird. Der größere
Teil des Absatzes wird jedoch über sogenannte Vertriebsgesellschaften
abgewickelt, die regionale Zuständigkeiten für den länderübergreifenden
Absatz besitzen und damit nach der Zentrale die zweite Distributionsstufe
als Großhandel darstellen.[2]

Die Ausgestaltung des länderspezifischen Absatzes kann insgesamt auf
drei grundsätzliche Arten erfolgen:[3]
- als eigene Vertriebsgesellschaften des Herstellers,
- als lokale Produktionsstätte mit angeschlossenem Vertriebssystem,
- als sogenannte eigenständige Generalimporteure.

Eigene Vertriebsgesellschaften sind zwar rechtlich, allerdings wirtschaftlich
von der Muttergesellschaft abhängig und gehören damit zum Konzern der
PKW-Hersteller. Dies erlaubt eine konsistente Führung des Absatzes und
vom Hersteller bis zum Endkunden.[4] Insbesondere kann die Marktnähe zur
besseren Kenntnis von Nachfrager-Präferenzen im internationalen Absatz
genutzt werden.[5] Für PKW-Hersteller spielt dies eine besondere Rolle, da
sie häufig eine globale Strategie verfolgen, die auf standardisierte Produkte
setzt, welche in wenigen spezialisierten Produktionsstandorten in großen
Mengen hergestellt und anschließend weltweit vertrieben werden.[6]Das

---

[1] vgl., auch im Weiteren, Richartz [Automobil] 19
[2] vgl. Richartz [Automobil] 17
[3] vgl. Heß [Konflikte] 28
[4] vgl. Gillespie/Hennessey [Global] 271
[5] vgl., auch im Weiteren, Meffert/Burmann/Kirchgeorg [Marketing] 280
[6] vgl. Ireland/Hoskisson/Hitt [Strategic] 155

Distributionssystem der PKW-Hersteller ist in Abbildung 1 beschrieben.

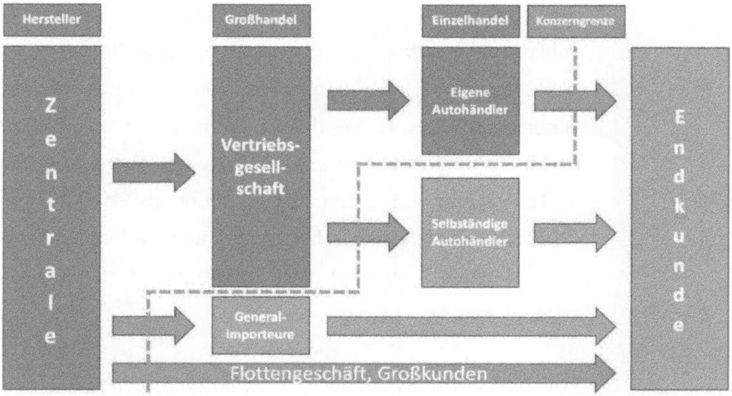

Abb. 1: Distributionssystem deutscher PKW-Hersteller (eigene Darstellung, angelehnt an Diez [Vertrieb] 5)

Die Vertriebsgesellschaften stellen dabei dezentrale Einheiten dar, denen unterschiedlich hohe Entscheidungsautonomie gegeben werden kann. Im Falle von ausländischen Märkten könnten etwa die Vertriebsgesellschaften Entscheidungsfreiheit für Marketingausgaben aufgrund der besseren Kenntnis der Kundengruppen erhalten. Der Aufbau einer Vertriebsgesellschaft fordert jedoch hohe Investitionen und bringt unter Umständen hohe Risiken mit sich, da sowohl regionale Konjunkturrückgänge als auch politische Risiken die Vorteilhaftigkeit der Investition gefährden könnten. Daher wird diese Art des länderübergreifenden Absatzes häufig in besonders wichtigen Märkten eingesetzt.[1]

Als zweite Möglichkeit kann der Absatz als lokales Produktionswerk mit dazugehörigem Distributionsnetz organisiert werden.[2] Diese Art der Tochtergesellschaft ist, aufgrund der zusätzlichen regionalen Fertigung,

---

[1] vgl. Meffert/Burmann/Kirchgeorg [Marketing] 280 und Richartz [Automobil] 17
[2] vgl. Heß [Konflikte] 23

noch eine Erweiterung der bereits beschriebenen Vertriebsgesellschaft. Deshalb ist die Investitionshöhe, und damit das Investitionsrisiko, regelmäßig auch höher als nur beim Aufbau einer Vertriebsgesellschaft mit ausschließlich absatzwirtschaftlichen Aufgaben. Gründe für den Aufbau einer ausländischen Produktionsstätte könnten etwa geringere Lohnkosten, Steuer- und Zollvorteile oder die Eliminierung von Währungsrisiken sein.[1] Beispiele für dieses Vorgehen sind etwa die Produktionsstätten von Daimler in Tuscaloosa (USA) und East London (Südafrika).[2] Sie werden damit ebenfalls dezentralisiert. Hier können auch autonome Entscheidungen über die regionale Fertigung und damit zusammenhängende Investitionen getätigt werden.

Die dritte Möglichkeit des länderübergreifenden Absatzes erfolgt schließlich über eigenständige Importeure, die auch Generalimporteure genannt werden.[3] Diese übernehmen in den ausländischen Märkten die Stufe des Großhandels und agieren damit zwischen Hersteller und PKW-Händler bzw. Endkunde. Der Generalimporteur ist dabei ein rechtlich und wirtschaftlich selbständiges Unternehmen, welches somit nicht zum Konzern des PKW-Herstellers gehört. Gründe für die Wahl dieser Absatzorganisation sind etwa ein schneller Markteintritt, ein geringeres Investitionsrisiko oder die Belieferung auch kleinerer Märkte. Zwar muss der Generalimporteur bestimmte Standards aufgrund vertraglicher Verpflichtungen erfüllen, allerdings sind die Steuerungs- und Kontrollmöglichkeiten des Herstellers geringer als im Fall einer konzerneigenen Vertriebsgesellschaft. Der letztliche Distributionsweg zum Endkunden wird ebenfalls vom Generalimporteur selbst organisiert und erfolgt entweder über eigene oder fremde PKW-Händler.

Die dritte Stufe im Distributionsprozess wird schließlich als Einzelhandelsstufe bezeichnet und beschreibt die Distributionsstufe zwischen

---

[1] vgl. Ferdows [Factories] 82
[2] vgl. Daimler [Geschäftsbericht] 74
[3] vgl. auch im Weiteren Richartz [Automobil] 18

dem Großhandel und dem Endkunden. Auf Einzelhandelsstufe können grundsätzlich die Typen des direkten und indirekten Absatzes unterschieden werden.[1] Beim direkten Absatz erfolgt der Verkauf direkt vom Hersteller zum Endkunden, ohne dabei selbständige Absatzmittler einzuschalten, im Falle der PKW-Hersteller also etwa über eigene Autohäuser.[2] Von indirektem Absatz spricht man dagegen, wenn zwischen Hersteller und Endkunde noch ein rechtlich und wirtschaftlich unabhängiger Händler tritt. Diese Vertragspartner sind zwar rechtlich selbständig, allerdings vertraglich an ein bestimmtes Fabrikat gebunden und werden daher als Vertragshändler bezeichnet.[3] Die Wahl zwischen direktem und indirektem Absatz ist dabei eine Frage der Absatzpolitik.[4] Den Kosten für Personal, Umbau und Ausstellungsflächen stehen hier Überlegungen zu Marktpräsenz und Kundenzufriedenheit gegenüber. Bei den deutschen Herstellern wird dabei zu einem Großteil auf den indirekten Absatz zurückgegriffen, etwa bei BMW über ein Franchise-System, mit dem Ziel einer höheren Marktabdeckung.[5]

2.1.2 Der Gütertransfer zwischen den Distributionsstufen

Die im vorigen Kapitel vorgestellten Stufen der Distribution sind voneinander abhängig, der Distributionsprozess durchläuft daher eine geregelte Abfolge. Der vom Endkunden in Auftrag gegebene PKW wird zunächst im Werk des Herstellers, welches in der Regel zur Zentrale gehört, hergestellt. Auf dieser Stufe fallen die Produktionskosten, wie etwa Fertigungsmaterial oder Personalkosten der Fertigung, an. Weiterhin fällt in der Zentrale ein Großteil der Verwaltungskosten an, da sie zentralisiert bestimmte Aufgaben für den Konzern wahrnimmt. Aufgrund des hohen Automatisierungsgrades in der Fertigung, sind für die PKW-Produktion

---

[1] vgl. Meffert/Burmann/Kirchgeorg [Marketing] 519
[2] vgl., auch im Weiteren, Meffert/Burmann/Kirchgeorg [Marketing] 522
[3] vgl., auch im Weiteren, Richartz [Automobil] 23
[4] vgl., auch im Weiteren, Richartz [Automobil] 21 ff.
[5] vgl. Meffert/Burmann/Kirchgeorg [Marketing] 538

häufig auch hohe Investitionsausgaben zur Schaffung und Aufrecht-erhaltung des Fertigungspotenzials notwendig.

Nach erfolgter Fertigstellung der PKWs erfolgt der Transport in die zweite Distributionsstufe, auch Großhandelsstufe genannt. Im Falle von konzernzugehörigen Vertriebsgesellschaften erfolgt der Transfer zwischen den Gesellschaften zu einem Verrechnungspreis. Der von der Zentrale berechnete Preis geht also als Kosten bei der Vertriebsgesellschaft in ihr Ergebnis ein.[1] Hierbei kommt es bei der Zentrale zu einem Erlösausweis, obwohl am Markt noch keine Realisierung des Erlöses erfolgt ist, sondern nur durch konzerninterne Leistungsverflechtungen. Es entstehen damit Innenumsätze.[2] Da die Vertriebsgesellschaften rechtlich eigene Steuer-subjekte darstellen und damit der Steuerpflicht des jeweiligen Landes unterliegen, hat der Verrechnungspreis nicht nur Verhaltenssteuerungs-charakter, sondern dient auch als Steuerungsinstrument für das externe Ergebnis der Vertriebsgesellschaft.[3] Dadurch werden auch Gewinn-verschiebungen zwischen den Konzerngesellschaften zur gesamt-betrieblichen Steueroptimierung ermöglicht. Grenzen werden hier jedoch durch den Fiskus des jeweiligen Landes gezogen, in dem die Vertriebs-gesellschaft sitzt. Im Falle eines konzernfremden Generalimporteurs wird dagegen kein Verrechnungspreis benötigt, da mit Fakturierung des Fahrzeuges an den Generalimporteur auch die Umsatzrealisierung am Markt erfolgt. Der Großhandel sorgt dann für die Belieferung der Einzelhändler und organisiert die Distribution der Fahrzeuge. Weitere Aufgaben liegen in der landesweiten Kommunikation und der Unterstützung von Händlern bei absatztypischen Tätigkeiten, wie Verkaufsaktionen und Eventplanungen.[4] In den Vertriebsgesellschaften finden sich natürlich auch typische verwaltende Funktionen wie Personalwesen, Rechnungswesen oder IT.[5]

---

[1] vgl. für ein Berechnungsbeispiel Troßmann [Konsolidierung] 54 ff.
[2] vgl. Pfaff [Fragen] 37
[3] vgl., auch im Weiteren, Pfaff/Stefani [Verrechnungspreise] 519 f.
[4] vgl. Hatzfeld [Optimierung] 1023
[5] vgl. Hatzfeld [Optimierung] 1025

Der Großhändler transportiert das Fahrzeug zum Einzelhändler, wobei dieser zum Konzern gehören kann oder ein externer Vertragspartner ist. Der Einzelhändler stellt in der Regel die Schnittstelle zum Endkunden dar und übernimmt typische Dienstleistungen wie Beratungen im Neuwagen-, Gebrauchtwagen- und Ersatzteilhandel oder im Werkstattservice. Gehört der Einzelhändler zum Automobil-Konzern fallen auf dieser Ebene nochmals Kosten aus Konzernsicht an, etwa für Personal oder Marketing. Bei konzerneigenen Einzelhändlern entsteht die Umsatzrealisierung im Konzern mit Verkauf an die Endkunden. Bei konzernfremden Vertrags-händlern entsteht der Umsatz mit Verkauf an die Vertragshändler. Zentrales Steuerungsinstrument ist hierbei ein Margen- und Bonussystem, das auf der Basis der Handelsspanne zwischen Ein- und Verkaufspreis den Vertragshändler für seine Verkaufsbemühungen kompensieren soll.[1] Zwischen Einzelhändlern des Konzerns und Endkunden setzen preis-politische Maßnahmen des Marketing an. Dazu gehören Entscheidungen über den Verkaufspreis, über Rabatte sowie sonstige Zahlungs-bedingungen, welche entweder von der Vertriebsgesellschaft vorgegeben oder direkt vom Einzelhändler entschieden werden.[2] Die Rabattpolitik sowie das Margen- und Bonussystem haben also auch direkten Einfluss auf das Ergebnis des Herstellers. Zudem entsteht bei internationaler Absatztätigkeit natürlich noch die Problematik der Währungsumrechnung bei Konzernen, die im Folgenden nicht weiter betrachtet wird.

---

[1] vgl. Richartz [Automobil] 43 ff.
[2] vgl. Meffert/Burmann/Kirchgeorg 501

2.2 Principal-Agent-Probleme als Ausgangspunkt zur Gestaltung eines Anreizsystems mit Cash-flow-Größen

2.2.1 Die Principal-Agent-Problematik zwischen den Distributionsstufen im PKW-Absatz

Im vorherigen Kapitel wurde die Aufgliederung des PKW-Absatzes beschrieben, doch wieso ist diese Aufgliederung nötig? Unternehmen sind bei der Leistungserstellung gezwungen, komplexe Probleme zu lösen. Um die Gesamtkomplexität dieser Probleme zu bewältigen, sind Arbeitsteilung und das Bilden von eigenen Entscheidungsbereichen nötig.[1] Nur durch diese Arbeitsteilung können komplexe Gesamtprobleme in kleinere Problembereiche zerlegt und sukzessiv gelöst werden. Die Entscheidungsbereiche entstehen dabei durch vertikale oder horizontale Differenzierung. Vertikale Differenzierung bedeutet, dass ein Über- bzw. Unterordnungsverhältnis zwischen den Entscheidungsbereichen besteht. Typische Beispiele sind hier die Verhältnisse zwischen Zentrale und dezentralen Einheiten oder zwischen Vorgesetztem und Mitarbeiter. Eine horizontale Differenzierung liegt vor, wenn sich die Entscheidungsbereiche auf gleicher Hierarchieebene befinden, etwa bei verschiedenen Funktionsbereichen oder Produktsparten. Bei den Distributionsstufen im PKW-Absatz liegt hier ein Fall von vertikaler Differenzierung vor, wobei der Hersteller als übergeordnete Zentrale und die Vertriebsgesellschaften als dezentrale Entscheidungseinheiten fungieren. Ebenso besteht ein solches Verhältnis zwischen den Vertriebsgesellschaften (als übergeordnete) und den Händlern (als untergeordnete) Entscheidungseinheiten. Die dadurch entstehende Problematik wird in der Literatur unter der Bezeichnung Principal-Agent-Theorie diskutiert.[2] Durch die Arbeitsteilung kommt es zur Trennung von Interdependenzen zwischen Entscheidungseinheiten und somit zu Schnittstellenproblemen.[3]

---

[1] vgl., auch im Weiteren, Troßmann [Controlling] 17 f.
[2] vgl. beispielhaft Spremann [Agent] oder Kah [Profitcenter]
[3] vgl., auch im Weiteren, Troßmann [Controlling] 18

Die Principal-Agent-Theorie geht dabei in ihrer allgemeinen Form von zwei Individuen aus, wobei eines den Prinzipal und eines den Agenten darstellt.[1] Diese Individuen kooperieren in der Form, dass der Prinzipal die Rolle eines Auftraggebers und der Agent die Rolle des Beauftragten übernimmt.[2] Diese Beziehung ist dabei durch zwei Sachverhalte gekennzeichnet. Der erste stellt das Vorhandensein von externen Effekten dar, womit gemeint ist, dass die Anstrengungen des Agenten sich auf das Ergebnis des Prinzipals auswirken. Hierbei besteht ein negativer Zusammenhang in den Präferenzen von Prinzipal und Agent hinsichtlich des Anstrengungs-Niveaus des Agenten. Während der Prinzipal eine möglichst hohe Anstrengung wünscht, da sich dies positiv auf sein eigenes Ergebnis auswirkt, versucht der Agent, Anstrengungen zu vermeiden, da sie bei ihm einen negativen Nutzen, das sogenannte Arbeitsleid, verursachen.[3] Es liegt damit ein Interessenkonflikt vor. Der zweite Sachverhalt beschreibt das Vorliegen einer asymmetrischen Informations-verteilung. Darunter wird verstanden, dass das Verhalten und die Eigenschaften des Agenten vom Prinzipal nicht direkt beobachtet oder kontrolliert werden können. Genauer können dabei drei Fälle der asymmetrischen Informationsverteilung unterschieden werden. Liegt der Fall sogenannter Hidden Characteristics vor, so sind die Eigenschaften des Agenten vor Vertragsabschluss vom Prinzipal nicht erkennbar.[4] Tritt der Fall auf, dass der Prinzipal die Anstrengungen des Agenten nicht beobachten oder beurteilen kann, spricht man von Hidden Action oder Hidden Information. Schließlich wird der Fall von Problemen durch nicht erkannte bösartige Absichten als Hidden Intention bezeichnet. Die Probleme können natürlich nicht nur zwischen Individuen, sondern auch zwischen Geschäftsbereichen auftreten.

Auf den Fall des PKW-Absatzes, bezogen nehmen die Distributionsstufen die Rolle des Prinzipals oder des Agenten (je nach Betrachtungsweise) ein.

---

[1] vgl. Spremann [Agent] 3 f.
[2] vgl. Troßmann [Controlling] 22
[3] vgl., auch im Weiteren, Spremann [Agent] 3 f.
[4] vgl., auch im Weiteren, Troßmann [Controlling] 22, sowie Picot u. a. [Organisation] 89 ff.

In der Beziehung Zentrale zu Vertriebsgesellschaft ist die Zentrale der Prinzipal, welcher die Verkaufsbemühungen der Vertriebsgesellschaft (des Agenten) nicht beobachten oder einschätzen kann. Dies liegt etwa daran, dass Absatzmärkte regionale Besonderheiten aufweisen, die natürlich der dort ansässigen Vertriebsgesellschaft bekannt sind, der Zentrale jedoch nicht.[1] Umgekehrt kann die Vertriebsgesellschaft auch die Rolle des Prinzipals einnehmen, da sie etwa nur erschwert beobachten kann, ob der Einzelhändler aktive Verkaufsbemühungen verfolgt. Die Hauptproblematik im PKW-Absatz im Sinne der Principal-Agent-Theorie liegt somit in Hidden-Action- bzw. Hidden-Information-Problemen. Hidden-Characteristics-Probleme wären etwa bei der Auswahl selbständiger Vertragshändler möglich, da deren Qualität vor Vertragsabschluss nicht beobachtet werden kann. Das Problem der Hidden Intention könnte beim Einbezug von Generalimporteuren eine Rolle spielen, wenn der Hersteller vom Distributionsnetz und den Kenntnissen des Importeurs für eine ansonsten schwer zugängliche Absatzregion abhängig ist und dadurch erpressbar wird. Insbesondere die Beziehung zwischen Hersteller und Einzelhändler wurde bereits intensiv durch die Principal-Agent-Theorie analysiert,[2] daher wird im Folgenden hauptsächlich die Beziehung von Zentrale zu dezentraler Vertriebsgesellschaft betrachtet.

2.2.2 *Gründe für die Einbeziehung*
von Cash-flow-Größen in Anreizsystemen

Die Principal-Agent-Probleme zwischen den Distributionsstufen im PKW-Absatz ergeben sich hauptsächlich durch Interessenkonflikte der Parteien und begrenzten Überwachungs- bzw. Beurteilungsmöglichkeiten des Prinzipals.[3] Zur Problembewältigung wird daher eine Interessenangleichung der Parteien vorgeschlagen. Ein Instrument dazu ist ein Vertrag, welcher den Agenten am Ergebnis des Prinzipals beteiligt. Durch

---

[1] vgl. Posselt [Gestaltung] 21
[2] vgl. Heß [Konflikt] oder Posselt [Gestaltung]
[3] vgl., auch im Weiteren, Troßmann [Controlling] 23

die Beteiligung soll es zu einer Kompensation der Anstrengungen des Agenten und dadurch zu einer Interessenangleichung zu denen des Prinzipals kommen. Anreizsysteme sollen für diese Angleichung sorgen.[1] Eine Schlüsselfrage ist hierbei die Messung des belohnenswerten Verhaltens des Agenten. Die Entlohnung von Managern wird dabei oft an das Erreichen von Kennzahlen, gerne denen des externen Rechnungswesens geknüpft, wie etwa dem Ergebnis vor Zinsen und Steuern (Earnings before Interest and Taxes), kurz EbIT.[2] Typische Kennzahlen zur Unternehmenssteuerung und zur Managementvergütung zeigt dabei Abbildung 2.

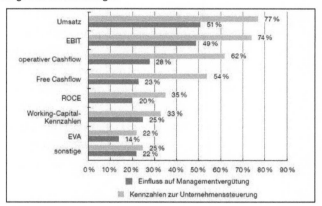

Abb. 2: Kennzahlen zur Steuerung und Vergütung innerhalb der DAX-30-Unternehmen (vgl. Weber/Wewer [Excellence] 13)

Dabei wird deutlich, dass die Zahlen des externen Rechnungswesens für diese Zwecke überwiegend eingesetzt werden. Dagegen wird in dieser Arbeit der Fokus auf Bemessungsgrundlagen auf Cash-flow-Basis gelegt. Der Cash flow stellt eine projektbezogene Differenz zwischen ertragsgleichen Einnahmen und aufwandsgleichen Ausgaben dar, wobei hier unter

---

[1] vgl. Troßmann [Controlling] 227
[2] vgl. Weber/Wewer [Excellence] 13

die Projekt-Definition auch einzelne Entscheidungsbereiche in Unternehmen fallen.[1] Ertrags- und aufwandsgleich bedeutet, dass die Zahlungen, die innerhalb einer Periode eingesetzt und auch wieder freigesetzt werden, nicht berücksichtigt werden.

Welche Gründe sprechen jetzt aber ausgerechnet für den Einsatz von Cash-flow-Größen in Anreizsystemen? Der Einsatz von Cash-flow-Größen als Bemessungsgrundlagen führt natürlich zunächst zu einer erhöhten Aufmerksamkeit der durch solche Größen gesteuerten Manager auf Cash flows. Aus inhaltlicher Sicht betrifft dies insgesamt die Liquiditätslage des Unternehmens. So müssen zunächst zur Sicherung und Erhaltung der Wettbewerbsfähigkeit von Unternehmen Investitionen durchgeführt werden.[2] Die finanzielle Situation der Gegenwart entscheidet hier, ob investiert werden kann. Sie begrenzt damit die Investitionstätigkeiten.[3] Der Cash flow zeigt in diesem Zusammenhang die Fähigkeit des Unternehmens, Investitionen aus eigener Finanzkraft (als Selbstfinanzierung) zu tätigen.[4] Eine stärkere Fokussierung des Managements auf Cash-flow-Größen kann daher zu einer Verbesserung der gegenwärtigen Liquiditätsposition führen. Dadurch werden Investitionen ermöglicht, die zu neuen Wettbewerbschancen führen können.

Die Zahlungsfähigkeit eines Unternehmens ist auch eine gesetzlich zwingende Mindestanforderung zur Fortführung des Unternehmens. Liegt dies nicht vor, kommt es unweigerlich zur Insolvenz und damit dem Ende der Unternehmensexistenz.[5] Der Cash flow zeigt in diesem Zusammenhang die Fähigkeit des Unternehmens auf, mit Krisensituationen aus eigener Kraft umgehen zu können. Man spricht hier auch von der Risikotragfähigkeit. Empirische Analysen zeigen den gesteigerten Informationsbedarf von Eigen- und Fremdkapitalgebern als wichtigen Grund für die

---

[1] vgl., auch im Weiteren, Troßmann [Investition] 31
[2] vgl. zu einer Übersicht von Investitionsarten Troßmann [Investition] 6
[3] vgl., auch im Weiteren, Refäuter [Basis] 30 f.
[4] vgl. Siegwart [Cash-flow] 63
[5] vgl. Insolvenzordnung [InsO] § 17-19

stärkere Orientierung an Cash-flow-Größen.[1] Dies liegt daran, da der Cash flow den Geldbetrag angibt, der an für Schuldentilgung, Zinszahlung und übriger Ausschüttung von Residualgewinnen verwendet werden kann. Daher wird der Cash flow auch in Investitions- oder Kreditentscheidungen von Eigen- und Fremdkapitalgebern berücksichtigt.[2] Zum Einsatz in Anreizsystemen, wird dem Cash flow insbesondere auch eine Robustheit gegenüber Manipulationen zugestanden,[3] im Gegensatz zu den Gewinngrößen des externen Rechnungswesens, die durch bilanzpolitische Maßnahmen beeinflusst werden können.[4] Teilweise wird dem Cash flow allerdings eine Leistungsbemessungsfunktion pauschal abgesprochen.[5] Im Folgenden wird dies aber noch unter Berücksichtigung der Organisationsform der Entscheidungsbereiche näher differenziert.

3. Der Cash flow als Kennzahl im Steuerungssystem des PKW-Absatzes

3.1 Berechnung von Cash flows für den PKW-Absatz

3.1.1 Grundlagen zu Kennzahlen als Controlling-Instrument

Die Principal-Agent-Problematik wurde bereits als eine Folge der Bildung teilautonomer Entscheidungsbereiche und damit verbundener Schnittstellen identifiziert.[6] Die Lösung solcher Koordinationsprobleme liegt im Aufgabenbereich des Controlling.[7] Genauer nimmt das Controlling die Führungsfunktion der Koordination ein. Stellt man sich einen Betrieb vor, so können dessen Teilaufgaben in Güter- und Führungsfunktionen unterteilt werden. Der Güterbereich beschäftigt sich mit den Aktivitäten der eigentlichen Leistungserstellung, wozu etwa Beschaffung, Fertigung, Absatz und Finanzierung gehören. Der Führungsbereich ergibt sich aus

---

[1] vgl. Weber/Wewer [Excellence] 11
[2] vgl., auch im Weiteren, Haerle/Hellener/Kaum [Kerngröße] 86
[3] vgl. Kah [Profitcenter] 160 ff.
[4] vgl. Plaschke [Incentive] 134
[5] vgl. Hachmeister [Maße] 1388
[6] vgl. Troßmann [Controlling] 17 ff.
[7] vgl., auch im Weiteren, Troßmann [Controlling] 4 f.

gestaltenden und steuernden Führungsfunktionen wie der Zielbildung, Planung und Kontrolle, Information, Organisation oder der Personalführung.[1] Die Güter- und Führungsbereiche werden auch als Primär- und Sekundärbereiche bezeichnet.[2] Die Aufgabe des Controlling ist in diesem Zusammenhang die Sekundärkoordination, also die Abstimmung in und zwischen den Führungsfunktionen.[3] Die Koordinationsaufgabe kann dabei als systemdefinierende oder systemausfüllende Koordination erfolgen. Während mit systemdefinierender Koordination die Neudefinition von Systemen und der Austausch unpassender Systeme gemeint ist, spricht man von systemausfüllender Koordination, wenn sich die Controller-Arbeit innerhalb eines Systems bewegt und dort etwa Feinjustierungen vorgenommen werden. Nebenaufgaben des Controlling umfassen dazu ergänzend die Entscheidungsunterstützung, die Informationsbereitstellung, die Methodenunterstützung sowie die Initiativfunktion.[4]

Die Koordinationsnotwendigkeit wird vor allem beim Bilden teilautonomer Entscheidungsbereiche deutlich, da hieraus die Notwendigkeit zur Delegation von Entscheidungskompetenz folgt.[5] Art und Umfang der Entscheidungsdelegation können anhand der Prinzipien der delegativen Koordination festgelegt werden.[6] Diese reichen von strikten Einzelanweisungen bis hin zu nahezu vollkommener Entscheidungsfreiheit in der Aufgabenausführung. Einzelanweisungen sind aufgrund des damit verbunden Aufwands bei komplexeren Aufgaben oft nicht realistisch einsetzbar, daher ist die Delegation von Entscheidungsfreiräumen notwendig. Die Entscheidungsfreiheit kann hier durch die Vorgabe von Zielen eingeschränkt werden. Ziele sind hier Aussagen über erwünschte Zustände, die als Ergebnis von Entscheidungen eintreten sollen.[7] Diese

---

[1] vgl. Troßmann [Controlling] 4 f., ursprünglich Wild [Führung]
[2] vgl. Troßmann [Controlling] 5
[3] vgl., auch im Weiteren, Troßmann [Controlling] 12 ff.
[4] vgl. Troßmann [Controlling] 14 f.
[5] vgl. Friedl [Controlling] 13 f.
[6] vgl., auch im Weiteren, Troßmann [Controlling] 24
[7] vgl. Friedl [Controlling] 254 und Hauschildt [Zielsysteme] 2419

Zielvorgaben können durch geeignete Kennzahlen beschrieben werden. Handelt es sich dabei um Geldgrößen, die einem Organisationsbereich für eine Periode zugeteilt werden, spricht man von Budgets.[1] Diese fallen unter den Kennzahlenbegriff, d. h. sie sind Größen, die in quantitativer Form über einen Sachverhalt komprimiert informieren.[2] Der zu messende Sachverhalt muss dabei nicht bereits von quantitativer Natur sein, sondern wird gerade durch die Kennzahl quantitativ messbar gemacht.[3] Kennzahlen informieren über einen Sachverhalt in kurzer und prägnanter Form, Einzelheiten werden dabei ausgeblendet. Daher ist die Definition und Auswahl geeigneter Kennzahlen eine anspruchsvolle Controlling-Aufgabe.

Die Funktionen, die durch Kennzahlen erfüllt werden, können grundsätzlich in drei Kategorien unterteilt werden:[4]

- Die allgemeine Informationsfunktion von Kennzahlen,
- die Kennzahlen-Funktion zur Unterstützung der sachlichen Führung,
- die Kennzahlen-Funktion der organisatorischen Steuerung.

Die allgemeine Informationsfunktion von Kennzahlen macht sich der Eigenschaft von Kennzahlen zunutze, dass sie Informationen verdichtet darstellen, etwa in Berichten.[5] Allerdings haben die meisten Kennzahlen nicht nur eine Informationsfunktion, sondern zusätzlich eine Funktion als Führungsinstrument. Als Instrument der sachlichen Führung ist ihre Aufgabe die Unterstützung von Planungs- und Kontrollprozessen. Ein typisches Anwendungsbeispiel ist etwa die Formulierung von Zielen in quantitativer Form als Kennzahlen. Dadurch können präzise Vorgabewerte definiert, sowie die anschließende Kontrolle der realisierten Größen ermöglicht werden. Eine tiefere Analyse von Abweichungen kann dann etwa durch einen Kennzahlenbaum erfolgen, der Hierarchien zwischen den Einflussgrößen der Oberkennzahl abbildet.[6]

---

[1] vgl. Troßmann [Controlling] 189, ursprünglich Wild [Budgetierung] 325
[2] vgl. Troßmann [Instrument] 520
[3] vgl., auch im Weiteren, Troßmann [Controlling] 123 f.
[4] vgl. Troßmann [Instrument] 521 ff.
[5] vgl., auch im Weiteren, Troßmann [Controlling] 125 ff.
[6] vgl. Reichmann [Kennzahlen] 38 ff.

Wird die Kennzahl auch noch als Vorgabe an einen Delegierten gegeben, spricht man von der Funktion als organisatorisches Führungsinstrument.[1] Dabei wird unterschieden, ob die Kennzahlen direkt oder indirekt beeinflussbar sind. Bei einer direkt beeinflussbaren Kennzahl wissen Vorgesetzter und Mitarbeiter gleichermaßen, welche Maßnahmen zur Beeinflussung der Kennzahl getroffen werden müssen. Sie ist nur vom Verhalten des Delegierten abhängig. Eine solche Kennzahl ist dann als Generalanweisung zu interpretieren. Anstatt dem Delegierten eine Vielzahl an Einzelanweisungen zu geben, erfolgt die Vorgabe hier in genereller Form erreichende Kennzahlenhöhe. Bei indirekt beeinflussbaren Kennzahlen ist dem Delegierenden hingegen oft nicht bekannt, welche Maßnahmen zu einer zielgerechten Beeinflussung der vorgegebenen Kennzahl führen. Stattdessen soll die untergeordnete Instanz ihr detaillierteres Wissen dazu nutzen, um die Kennzahl zielentsprechend zu beeinflussen. Die Kennzahl ist hier also keine Generalanweisung, sondern eine Zielvorgabe mit Delegation von Entscheidungskompetenz.[2] Beispiele für indirekt beein-flussbare Kennzahlen sind typische Outputgrößen, etwa Gewinngrößen, Verkaufsmengen, aber auch die in dieser Arbeit betrachteten Cash-flow-Größen.

3.1.2 Methoden der Cash-flow-Berechnung im Vergleich

Das bisher grobe Verständnis des Cash flows als Differenz zwischen betrieblichen Ein- und Auszahlungen einer Periode soll jetzt genauer betrachtet werden. Grundsätzlich können drei Arten von Cash flows unterschieden werden: der Cash flow aus der operativen Geschäftätigkeit, der Cash flow aus der Investitionstätigkeit und der Cash flow aus der Finanzierungstätigkeit eines Unternehmens.[3] Der Cash flow aus operativer Tätigkeit beschreibt die Zahlungsmitteldifferenz, die sich aus der originären

---

[1] vgl., auch im Weiteren, Troßmann [Controlling] 132 ff.
[2] vgl. Troßmann [Controlling] 133
[3] vgl. Ballwieser/Hachmeister [Bewertung] 39 f.

Geschäftstätigkeit ergibt,[1] im Fall von Automobilherstellern also aus der Herstellung und dem Verkauf von Fahrzeugen und allen zu dieser Leistungserbringung anfallenden Ein- und Auszahlungen. Der Cash flow aus Investitionstätigkeit beschreibt die Zahlungsmitteldifferenz aufgrund von Investitionen oder Desinvestitionen, etwa in Sachanlagegüter, aber auch in Finanzanlagen oder aus Erwerb bzw. Veräußerung von Unternehmen(-steilen).

Direkte Berechnung (Finanzrechnung)	Indirekte Berechnung (Jahresabschluss)	
Betriebliche Einzahlungen		
− Betriebliche Auszahlungen	Jahresüberschuss lt. GuV nach Steuern	
− Liquiditätswirksame Steuern auf operatives Ergebnis vor Zinsen	+/−	Außerordentliche, betriebs- und periodenfremde Aufwendungen/Erträge
	+/−	Zinsaufwendungen/-erträge
	+/−	Ertragsteueraufwendungen/-erträge lt. GuV
	=	Bereinigtes operatives Ergebnis vor Ertragsteuern und Zinsen
	+/−	Abschreibungen/Zuschreibungen
	+/−	Zunahme/Abnahme der Rückstellungen
	−	Ertragsteuerzahlungen auf das bereinigte operative Ergebnis vor Ertragsteuern und Zinsen
	=	**Brutto Cash flow**
	−	Δ Working Capital
		−/+ Zunahme/Abnahme Vorräte/Forderungen aus LuL/sonst. kurzfr. Aktiva der Geschäftstätigkeit
		+/− Zunahme/Abnahme Verbindlichkeiten aus LuL/sonst. kurzfr. Passiva der Geschäftstätigkeit
= **Cash flow aus operativer Tätigkeit**	=	**Cash flow aus operativer Tätigkeit**
−/+ Auszahlungen/Einzahlungen aus Investitionen/Abgängen des Sach/Finanzanlagevermögens		
−/+ Auszahlungen/Einzahlungen aus Finanzmittelanlagen im Rahmen der kurzfristigen Finanzdisposition		
−/+ Auszahlungen/Einzahlungen aus dem Erwerb/Verkauf von konsolidierten Unternehmen oder Geschäftseinheiten		
= Cash flow aus Investitionstätigkeit		
= **Free Cash flow (Entity)**		
−/+ Tilgung/Aufnahme von Fremdkapital		
− Zinsaufwendungen		
+ Steuererstattungen durch Fremdkapital-Aufnahme		
= **Flow to Equity / Free Cash flow (Equity)**		
− Ausschüttungen an Eigenkapitalgeber		
= **Cash flow aus Finanzierungstätigkeit**		

Abb. 3: Berechnung des Cash flows nach direkter und indirekter Methode (eigene Darstellung, inhaltlich angelehnt an Plaschke [Incentive] 71, Ballwieser/Hachmeister [Bewertung] 39 f. und Weißenberger [Shareholder] 12)

---

[1] vgl., auch im Weiteren, Bassen [Cash Flow] 258

Der Cash flow aus Finanzierungstätigkeit beschreibt letztlich die Zahlungsmitteldifferenz aufgrund von Fremdkapitalaufnahmen oder -tilgungen, damit zusammenhängenden Zinszahlungen, sowie Ausschüttungen an Eigenkapitalgeber. Die Summe dieser drei Zahlungsströme ergibt die Veränderung des Finanzmittelfonds von Beginn bis zum Ende einer Periode. Zur Berechnung des Cash flows werden die Methode der direkten und die der indirekten Berechnung unterschieden, wobei bei korrekter Anwendung beide Verfahren zum selben Ergebnis führen.[1] Abbildung 3 zeigt die Berechnungsverfahren.

Die Idee der direkten Methode ist die Ableitung des Cash flows aufgrund der direkten Beobachtung der Zahlungsströme aus der Finanzrechnung, es werden damit nur die zahlungswirksamen Größen erfasst. Die indirekte Methode basiert auf einer Rückrechnung ausgehend vom Jahresüberschuss, wobei alle nichtzahlungswirksamen Positionen herausgerechnet werden. Der Cash flow der operativen Tätigkeit ergibt sich bei direkter Methode als Differenz von Ein- und Auszahlungen der operativen Tätigkeit, sowie abzüglich zahlungswirksamer Ertragsteuern. Bei der indirekten Methode wird der Jahresüberschuss (nach Steuern) um Zinsen und Steuern angepasst. Anschließend erfolgt eine Anpassung um nichtzahlungswirksame Positionen, worunter die Abschreibungen und die Änderung der Rückstellungen die wichtigsten Positionen darstellen. Für sie erfolgte zwar in der Buchhaltung die Buchung eines gewinnmindernden Aufwands, allerdings erfolgt keine Auszahlung, weshalb sie eliminiert werden. Als Ergebnis entsteht ein Brutto Cash flow. Dieser wird um nichtzahlungswirksame Anteile korrigiert, es entsteht der operative Cash flow. Dafür werden Erhöhungen der Vorräte abgezogen, sowie Vorratsminderungen wieder dazugerechnet. Dies hängt damit zusammen, da im Jahresergebnis noch Erträge bzw. Aufwendungen aus Bestandserhöhungen bzw. -minderungen, also aus der Lagerhaltung, enthalten sind, denen natürlich keine Zahlung gegenübersteht. Ebenso gilt dies für

---

[1] vgl. Plaschke [Incentive] 72

Rohstoffbestände. Solange diese nicht verbraucht werden, sind sie im Jahresüberschuss nicht berücksichtigt. Allerdings kommt es durch den Einkauf der Rohstoffe zu einer Zahlungswirkung. Der Rohstoffbestand nimmt hier zu, dafür nimmt die Kasse ab oder die Verbindlichkeiten steigen, falls die Rechnung nicht sofort beglichen wird. Zur Korrektur wird die wertmäßige Erhöhung der Rohstoffe vom Jahresüberschuss abgezogen, eine Erhöhung der Verbindlichkeiten wird dazugerechnet, sodass die Differenz dazwischen die tatsächliche Zahlungswirkung anzeigt.

Ebenso sind in den Umsatzerlösen, die implizit im Jahresüberschuss enthalten sind, nicht alle Bestandteile bereits als Einzahlung eingegangen, ein Teil der Umsatzerlöse der Periode sind noch als Erhöhung der Forderungen in der Bilanz enthalten. Gleiches gilt für grundsätzlich zahlungswirksame Aufwendungen. Nicht alle Anteile davon sind bereits bezahlt, sondern ein Teil davon sind noch als Verbindlichkeiten in der Bilanz enthalten. Da bisher keine Rechnung hier beglichen wurde, erfolgte auch noch kein Abfluss an Zahlungsmitteln, weshalb die Erhöhung der Verbindlichkeiten wieder dazugerechnet wird. Die Differenz aus kurzfristigem Umlaufvermögen und kurzfristigen Verbindlichkeiten wird auch in einer Gesamtbetrachtung als sogenanntes Working Capital bezeichnet.[1]

Nach diesen Anpassungen entsteht somit der Cash flow aus der operativen Geschäftstätigkeit. Die Aufteilung in eine direkte bzw. indirekte Berechnung erfolgt auch nur auf dieser Ebene, die folgenden Cash flows werden nicht in einen direkten und indirekten Teil aufgespalten.[2] Der Cash flow aus Investitionstätigkeit beinhaltet Ein-/Auszahlungen im Sachanlagevermögen, etwa den Kauf einer Maschine, aber auch die Investition in immaterielle Güter wie Finanzanlagen. Teilweise wird auch die Veränderung des Working Capital erst an dieser Stelle abgezogen, da es in seiner Gesamtheit als Investition angesehen werden kann.[3] Dies führt allerdings zu einer

---

[1] vgl. Klepzig [Working Capital] 6
[2] vgl. Ballwieser/Hachmeister [Bewertung] 39 f.
[3] vgl. Plaschke [Incentive] 71

Verfälschung des Cash flows aus operativer Tätigkeit, da jetzt die zahlungsunwirksamen Bestandteile im Jahresüberschuss auf dieser Stufe nicht mehr eliminiert werden. Die Summe aus dem Cash flow der operativen und der Investitionstätigkeit wird als Free Cash flow bezeichnet.[1] Dieser stellt den Betrag an Zahlungsmitteln dar, der für die Bedienung der Ansprüche der Eigen- und Fremdkapitalgeber verwendet werden kann. Werden davon noch die Zahlungen von und an Fremdkapitalgeber abgezogen, verbleibt der sogenannte Flow to Equity zur Bedienung der Ansprüche der Eigenkapitalgeber.[2] Zusammen mit den Zahlungen der Fremdkapitalgeber ergibt sich mit diesen Ausschüttungen der Cashflow aus Finanzierungstätigkeit. Danach noch übrige Zahlungsmittel ergeben den Endbestand des Finanzmittelfonds.

Letztlich stellt sich noch die Frage, welche Methode zur Cash-flow-Berechnung aus Unternehmenssicht gewählt werden sollte. Der direkten Methode wird dabei der Vorteil zugesprochen, dass sie direkt auf Zahlungsgrößen basiert, daher können Prognosen über Zahlungs-wirkungen oder nachträgliche Abrechnungen direkt auf Ebene eines Sachverhaltes erfolgen.[3] Damit hat die direkte Methode eine größere Nähe zum Planungssystem eines Unternehmens, da die Zahlungswirkungen von Teilplänen unmittelbar abgeleitet werden können, anstatt den Umweg über die Rückrechnung aus der Bilanz zu gehen.[4] Dagegen ist bei der indirekten Methode aufgrund der bilanziellen Betrachtung die Zahlungswirkung von Sachverhalten wesentlich schwerer zu betrachten, schon allein aufgrund der Vielzahl an Korrekturpositionen.[5] Für die indirekte Methode wird allerdings das Argument angebracht, dass sie ohne größere Probleme in ein bestehendes Abrechnungssystem eingebracht werden kann, indem den Buchführungskonten ein Merkmal zur Zahlungswirkung hinzugefügt wird.[6]

---

[1] vgl., auch im Weiteren, Bassen [Cash Flow] 258
[2] vgl. Ballwieser/Hachmeister [Bewertung] 141
[3] vgl., auch im Weiteren, Heil u. a. [Steuerung] 1459
[4] vgl. Refäuter [Basis] 75
[5] vgl. Refäuter [Basis] 75
[6] vgl., auch im Weiteren, Heil u. a. [Steuerung] 1459

Ebenso wird noch die Nähe zu vertrauten Größen, wie dem handelsrechtlichen Jahresüberschuss, als Vorteil für die indirekte Methode genannt,[1] wobei diese Größen in erster Linie für Management-Ebenen verständlich sind. Für tiefere Hierarchien erscheint die Betrachtung von Einzelpositionen und ihrer Zahlungswirkungen innerhalb eines Sachverhalts als wesentlich geeigneter. Zur Analyse von Steuerungs- und Anreizwirkungen wird in dieser Arbeit auf beide Methoden eingegangen.

3.1.3 Der Cash flow als Beurteilungsmaß

Der Cash flow ist eine Kennzahl. Damit weist er die typische Eigenschaft auf, Informationen in einer quantitativ verdichteten Form darzustellen.[2] Eine Besonderheit des Cash flows ist allerdings, dass er in mehreren Perspektiven interpretiert werden kann. Diese Perspektiven begreifen den Cash flow als

- Beurteilungsmaß der Liquidität,
- Beurteilungsmaß der Finanzierungskraft,
- Beurteilungsmaß des Unternehmenserfolgs.[3]

Zunächst soll der bereits mehrfach angesprochene Zusammenhang zwischen Cash flow und Liquidität betrachtet werden. Liquidität wird hierbei als Fähigkeit verstanden, die zwingend fälligen Auszahlungsverpflichtungen eines Unternehmens zu jedem Zeitpunkt uneingeschränkt bedienen zu können.[4] Dies ist nicht gleichbedeutend mit einem positiven Zahlungsmittelbestand, sondern beinhaltet auch die Möglichkeit des Unternehmens, Mittel aus externen Finanzierungsquellen (etwa Kredite), zu marktüblichen Konditionen aufzunehmen. Die Liquidität gilt dabei als Satisfizierungsziel, dessen Erreichen zur Fortführung der Unternehmenstätigkeit ein Muss darstellt, da sonst die Konsequenz der Insolvenz eintritt.[5] Eine Maximierung

---

[1] vgl. Plaschke [Incentive] 72
[2] vgl. Troßmann [Instrument] 520
[3] vgl. Behringer/Lühn [Cash-flow] 145 ff.
[4] vgl., auch im Weiteren, Reichmann [Kennzahlen] 198 f.
[5] vgl. Behringer/Lühn [Cash-flow] 146 und Insolvenzordnung [InsO] § 17-19

des Bestandes an liquiden Mitteln ist dennoch nicht erwünscht, lediglich die Fähigkeit der Begleichung von Verpflichtungen und die Durchführung von Investitionen sollten durch die liquiden Mittel garantiert sein.[1] Die Cash flows sind damit die Einflussgrößen auf die Liquidität des Unternehmens. Da sowohl Cash-In-flows als auch Cash-Out-flows existieren, können sie sowohl eine positive als auch negative Wirkung auf die Liquidität eines Unternehmens haben.

Solche Sachverhalte werden in einer Liquiditätsplanung berücksichtigt, aus der sich auch ein etwaiger Finanzierungsbedarf ergibt.[2] Eine wichtige Komponente der Liquiditätsplanung ist der sogenannte Cash-Conversion-Cycle. Dieser Kreislauf beginnt mit einer Auszahlung für Käufe von Rohstoffen. Diese werden anschließend verarbeitet und an Kunden verkauft, wodurch Forderungen entstehen. Werden diese bezahlt, kommt es wieder zu Einzahlungen und der Zyklus beginnt von Neuem.[3] Dieser Zyklus spiegelt sich im Working Capital wieder, das über den gesamten Zyklus konstant bleiben würde. Somit kann aus der Betrachtung der drei Cash-flow-Arten geschlossen werden, inwieweit sie zur Aufrechterhaltung der Liquidität beitragen. Eng damit ist die Funktion als Maßgröße der Finanzierungskraft verbunden. Die Finanzierung stellt dabei die jetzige Mittelaufnahme und spätere Mittelrückzahlung als Gegenfinanzierung einer Investition dar.[4] Finanzierungsquellen können allgemein den Bereichen der Außen- oder Innenfinanzierung zugeordnet werden.[5] Der Cash flow wird im Wesentlichen in Bezug auf die Innenfinanzierung genannt.[6] Die Innenfinanzierung erfolgt hauptsächlich durch einbehaltene Gewinne, Abschreibungen oder Änderung der Rückstellungen, da in deren Höhe kein Mittelabfluss erfolgt. Letztere Komponenten sind daher auch im Cash flow nach indirekter Methode enthalten. Die Trennung zwischen operativem,

[1] vgl. Behringer/Lühn [Cash-flow] 146
[2] vgl. Brealy/Myers/Allen [Finance] 763
[3] vgl., auch im Weiteren, Brealy/Myers/Allen [Finance] 764
[4] vgl. Troßmann [Investition] 5
[5] vgl. Kürsten [Finanzierung] 186
[6] vgl., auch im Weiteren, Behringer/Lühn [Cash-flow] 170

finanziellem und investitionsbezogenem Cash flow erlaubt eine Aufgliederung des Gesamt-Cash-flows über die Mittelherkunft und Mittel-verwendung. So wird etwa der Fähigkeit der Selbstfinanzierung, also der Fähigkeit Investitionen aus eigener Finanzkraft zu tätigen, ein hoher Stellenwert bei der Unternehmensbeurteilung eingeräumt.[1] Als Faustregel gilt, dass umfangreiche, langfristige Erweiterungsinvestitionen auch langfristig finanziert werden sollten, während für typische operative An-schaffungen, wie Ersatzinvestitionen oder Rohstoffe, sich die Finanzierung aus dem operativen Cash flow ergeben sollte.[2] Auch für Banken stellt der Cash flow innerhalb von Rating-Verfahren ein Indikator der Kreditwürdigkeit dar und hat dadurch auch einen Einfluss auf die risikobedingten Zinskosten.[3]

Schließlich kann der Cash flow auch als ein Beurteilungsmaß des Erfolgs eines Unternehmens ausgelegt werden. Dieser Zusammenhang wird allein schon aus der Ableitung des Cash flows bei der indirekten Methode aus dem Jahresüberschuss deutlich, sowie durch anhaltende Diskussionen um die Verwendung von Gewinn- oder Cash-flow-Größen zur Erfolgsmessung.[4] Insbesondere für Eigenkapitalgeber spielt der Cash flow als Erfolgs-maßstab eine wichtige Rolle. Diese sind nämlich am Unternehmenswert interessiert, welcher sich aus den erwarteten zukünftigen Ausschüttungen an diese, und nicht etwa aus buchhalterischen Gewinnen, ergibt.[5]

Dieser Zusammenhang wird auch im Konzept der wertorientierten Steuerung aufgegriffen. Dieses geht von finanziellen Größen, den Formalzielen, als obersten Zielgrößen der Unternehmung aus.[6] Die darin verwendeten Kennzahlen sollen messen, ob das Kapital der Investoren in

---

[1] vgl., auch im Weiteren, Siegwart [Cash-flow] 64
[2] vgl. Behringer/Lühn [Cash-flow] 151
[3] vgl. ausführlicher dazu Reichmann [Kennzahlen] 201 ff.
[4] vgl. etwa Bühner [Gewinn] 30
[5] vgl. Bühner [Gewinn] 30 f.
[6] vgl. Troßmann [Kennzahlen] 188 f.

für sie erfolgreiche Projekte investiert wurde.[1] Als periodenübergreifende Kennzahl wird hier der Shareholder Value (SHV) verwendet, der sich vereinfacht nach folgendem Schema ergibt:[2]

Shareholder Value = Kapitalwert der Free Cash flows - Marktwert des Fremdkapitals + Wert des nichtbetriebsnotwendigen Vermögens.

Die Idee dahinter ist, dass zukünftige, an Eigen- oder Fremdkapitalgeber fließende Zahlungen prognostiziert und auf den heutigen Zeitpunkt diskontiert werden. Abzüglich dem Marktwert des Fremdkapitals, und einer eventuellen Zurechnung des sogenannten nichtbetriebsnotwendigen Vermögens, berechnet sich dann der Unternehmenswert für die Eigenkapitalgeber, auch Shareholder Value genannt. Bei diesem Vorgehen wird die Kapitalwert-Methode auf Unternehmensebene angewendet. Aufgrund seiner Zukunftsgerichtetheit und den damit verbundenen Prognosen, werden dem Shareholder Value in der hierarchischen Steuerung allerdings Schwächen zuerkannt. Die Rolle des Cash flows zur Beurteilung des Unternehmenswerts ist hier aber deutlich erkennbar. Der Cash flow findet sich auch in einem weiteren Konzept der wertorientierten Steuerung, nämlich dem Cash Value Added, kurz CVA.[3] Dieser ist eine periodenbezogene Überschussgröße, auf eine Gesamtbetrachtung wie beim Shareholder Value wird also verzichtet.[4] Er berechnet sich als:

Cash Value Added = Brutto Cash flow - Annuitätenabschreibung
- Zinsen auf den Anfangskapitaleinsatz (Bruttoinvestitionsbasis).

Die Idee des CVA basiert auf dem Konzept der Annuität.[5] Die Annuität eines Projektes lässt sich weiter in die Annuität der Projektverlaufszahlungen und die Annuität der Anfangsinvestition zerlegen. Letztere lässt sich nochmals

---

[1] vgl. Arbeitskreis IRW der Schmalenbach-Gesellschaft [Vergleich] 62 f.
[2] vgl., auch im Weiteren, Troßmann [Kennzahlen] 198 ff., urspr. Rappaport [Value]
[3] vgl. Lewis [Unternehmenswert]
[4] vgl., auch im Weiteren, Troßmann [Kennzahlen] 193 ff.
[5] vgl. Troßmann [Investition] 412

in einen Zins- und einen „Anspar"-Anteil – sogenannte die Annuitäten-abschreibung – zur Substanzerhaltung aufgliedern.[1] Die Anfangsaus-zahlung der Investition wird damit über deren Laufzeit anhand einer Annuität verteilt. Die Zinsberechnung bezieht sich hier über die gesamte Laufzeit immer auf den Anfangskapitaleinsatz. Im Konzept des CVA wird im Vergleich zur normalen Berechnung einer Projekt-Annuität allerdings die Annuität der Projektverlaufszahlungen durch die tatsächlichen Cash flows der Periode (vor Investitionsauszahlungen) verwendet.[2] Das Vorgehen geht aus Abbildung 4 hervor, wobei erkenntlich wird, dass eine Projekt-beurteilung durch den CVA dieselbe Empfehlung wie eine Beurteilung durch den Kapitalwert gibt. Man bezeichnet den CVA daher auch als barwertkom-patibel.[3]

Jahr	Projekt-zahlungen	− Annuitäten-abschreibung	− Zinsen auf A_0	+ Annuität der Projektverlaufs-zahlungen	=	Projekt-annuität
0	− 1.000.000 €	−	−	−		−
1	+ 420.000 €	− 215.471 €	− 100.000 €	+ 347.236 €	=	31.765 €
2	+ 450.000 €	− 215.471 €	− 100.000 €	+ 347.236 €	=	31.765 €
3	+ 280.000 €	− 215.471 €	− 100.000 €	+ 347.236 €	=	31.765 €
4	+ 200.000 €	− 215.471 €	− 100.000 €	+ 347.236 €	=	31.765 €
Endwert	147.420 €	− 1.000.000 €	− 464.100 €	+ 1.611.520 €	=	147.420 €
Kapitalwert	100.690 €	− 683.014 €	− 316.986 €	+ 1.100.690 €	=	100.690 €

Jahr	Projekt-zahlungen	− Annuitäten-abschreibung	− Zinsen auf A_0	+ Projekt-verlaufszahlungen	=	Cash Value Added
0	− 1.000.000 €	−	−	−		−
1	+ 420.000 €	− 215.471 €	− 100.000 €	+ 420.000 €	=	104.529 €
2	+ 450.000 €	− 215.471 €	− 100.000 €	+ 450.000 €	=	134.529 €
3	+ 280.000 €	− 215.471 €	− 100.000 €	+ 280.000 €	=	− 35.471 €
4	+ 200.000 €	− 215.471 €	− 100.000 €	+ 200.000 €	=	− 115.471 €
Endwert	147.420 €	− 1.000.000 €	− 464.100 €	+ 1.611.520 €	=	147.420 €
Kapitalwert	100.690 €	− 683.014 €	− 316.986 €	+ 1.100.690 €	=	100.690 €

Abb. 4: Berechnungsmethodik des Cash Value Added (vgl. Troßmann [Controlling] 274)

---

[1] vgl. Weißenberger [Shareholder] 11
[2] vgl. Weißenberger [Shareholder] 11
[3] vgl. Gladen [Performance] 204

3.1.4 Besonderheiten des Cash flows im PKW-Absatz

Nachdem die Berechnung und Aussage des Cash flows als Kennzahl erläutert wurde, lassen sich die Ergebnisse auf den PKW-Absatz übertragen. Erster Ansatzpunkt sind dabei die berichteten Cash flows des Industriegeschäfts der Automobilhersteller in Abbildung 5. Darin befinden sich zwar Bestandteile anderer Geschäftsbereiche, z. B. Lastkraftfahrzeuge, allerdings dürften diese eine ähnliche Cash-flow-Struktur aufweisen und haben oftmals eine geringere Bedeutung im Vergleich zum PKW-Geschäft.

GJ 2015 in m€	Daimler		BMW		VW		Audi	
Ergebnis vor Steuern	**11.131**	*95%*	**8.040**	*68%*	**-3.634**	*-15%*	**5.284**	*73%*
+ Abschreibungen	5.316	*45%*	4.577	*39%*	13.516	*57%*	2.665	*37%*
-Ertragsteuern	-2.715	*-23%*	-2.595	*-22%*	-2.985	*-13%*	-1.698	*-24%*
= Brutto Cash flow	**13.732**	*117%*	**10.022**	*85%*	**6.897**	*29%*	**6.251**	*87%*
-Δ Working Capital	-2.781	*-24%*	-337	*-3%*	-1.711	*-7%*	-580	*-8%*
-Δ Vorräte	*-2.732*	*-23%*	*367*	*1%*	*-3.471*	*-15%*	*-1.143*	*-16%*
-Δ Forderungen	*-160*	*-1%*	*-541*	*5%*	*-881*	*-4%*	*-1.446*	*-20%*
+Δ Verb. LuL	*111*	*1%*	*-163*	*1%*	*2.641*	*11%*	*2.009*	*28%*
+/- Sonstiges	784	*7%*	2.151	*18%*	18.610*	*78%*	1.532	*21%*
= Operativer Cash flow **	**11.735**	*100%*	**11.836**	*100%*	**23.796**	*100%*	**7.203**	*100%*
-Sachinvestitionen	-5.045	*43%*	-5.753	*49%*	-12.738	*54%*	-3.534	*49%*
-immat. Investitionen	-2.186	*19%*			-5.021	*21%*	-1.262	*18%*
-Finanzanlagen/ Beteiligungen	-2.705	*23%*	-1.771	*15%*	-656	*3%*	2.592	*-36%*
= Cash flow aus Investition	**-9.936**	*85%*	**-7.524**	*64%*	**-18.415**	*77%*	**-2.204**	*31%*
= Free Cash flow	**1.799**	*15%*	**4.312**	*36%*	**5.381**	*23%*	**4.999**	*69%*

* enthält Erhöhung der Rückstellungen von 18.000m € aufgrund Diesel-Skandal
**alle %-Werte als Anteil am operativen Cash flow berechnet

Abb. 5: Übersicht der Cash flows von Automobil-Herstellern (vgl. Daimler [Geschäftsbericht] 201, BMW [Geschäft] 95, VW [Geschäft] 114, Audi [Geschäft] 219)

Dabei ist zu erkennen, dass die Abschreibungen einen Großteil der Innenfinanzierungskraft ausmachen, da sie meistens im Bereich von ca. 40 % des operativen Cash flows liegen. Weiterhin kam es bei allen Herstellern zu einer Erhöhung des Working Capital, was sich negativ auf den Cash flow auswirkte. Größte Position dabei ist die Erhöhung der Vorräte, die natürlich zu einer Erfolgs-, aber keiner Zahlungswirkung führt. Im Falle von VW und Audi führte eine Erhöhung der Verbindlichkeiten zu einer positiven Cash-flow-Wirkung, womöglich um Zahlungsschwächen aus dem Diesel-Skandal abzufedern, welcher sich auch bei VW in einer extremen Erhöhung der Rückstellungen bemerkbar macht. Die niedrigen Werte der Forderungen und Verbindlichkeiten zeigen zudem, dass ein Großteil des Umsatzes direkt zahlungswirksam ist und nur ein geringer Anteil an Forderungen besteht bzw. operative Aufwendungen als Verbindlichkeiten nicht zahlungswirksam sind. Im Bereich der Investitionen wird etwa die Hälfte des operativen Cash flows für Sachinvestitionen verwendet, dies wird etwa mit Erweiterungen des Produktionsnetzwerkes begründet.[1] Allen Herstellern ist gemein, dass der operative Cash flow die Investitionen deckt und daher ein positiver Free Cash flow übrig bleibt.

Doch welche Teile des Cash flows können konkret dem Absatzbereich zugeordnet werden? Typischerweise fallen die Einzahlungen aus dem Umsatzprozess bei der Groß- oder Einzelhandelsstufe an. Je nach Zahlungsverhalten des Kunden fallen ebenso Forderungen an. Ebenso kann sich das vereinbarte Zahlungsmodell auf den Cash flow auswirken. Im PKW-Absatz sind etwa Leasingverträge sehr beliebt. Statt einer vollen Kaufpreiszahlung wird hier anfangs zunächst nur eine Anzahlung geleistet, der sich monatliche Leasingzahlungen anschließen.[2] Zum Laufzeitende kann der Kunde das Fahrzeug zurückgeben oder kaufen. Damit kommt es zu einer Verteilung des Cash flows über die Leasingdauer. Weiterhin können die Vertriebsgesellschaften die Entscheidung über die Vergabe von Rabatten besitzen, was sich ebenfalls auf die Einzahlungen auswirkt.[3] Operative Auszahlungen sind zum Großteil Gehälter für Mitarbeiter und Kosten für die Beschaffung von Rohmaterial. Da sowohl Produktion als auch Verwaltung fast ausschließlich in der Zentrale bei PKW-Herstellern angesiedelt sind, sind diese Positionen bei Vertriebsgesellschaften oder Einzelhändlern vergleichsweise gering.

Die Verrechnung der PKWs erfolgt, wie bereits an vorheriger Stelle

---

[1] vgl. Daimler [Geschäftsbericht] 95
[2] vgl., auch im Weiteren, Meffert/Burmann/Kirchgeorg [Marketing] 506
[3] vgl. Posselt [Gestaltung] 195

erläutert, konzernintern zu einem Verrechnungspreis, der aus steuerlichen Gründen einem Fremdvergleich standhalten muss. Steuerzahlungen fallen entsprechend den steuerrechtlichen Vorschriften des Landes der Vertriebsgesellschaft an. Rohstoffe als Bestandteile der Vorräte werden einerseits zentral für die PKW-Produktion beschafft. Zu den Vorräten gehören aber auch gelagerte Fahrzeug, welche ebenfalls bereits auf Ebene der Vertriebsgesellschaften vorgehalten werden.

Im Bereich der Sachinvestitionen fällt ein Großteil auf Ebene der Zentrale, aufgrund der häufig ansässigen Produktion, als Erweiterungs- oder Ersatzinvestitionen an. Ebenso ist die Forschungs- und Entwicklungstätigkeit oft zentralisiert. Daneben ist auf Ebene der Vertriebsgesellschaften und der Einzelhändler mit vertriebsbezogenen Investitionen zu rechnen, z. B. durch Erweiterungen der Lagerfläche, durch die Eröffnung eines neuen Niederlassung oder durch Ersatzinvestitionen. Zusätzlich können Marketingausgaben als investitionsähnliche Ausgaben im Absatz dazukommen. Beteiligungen und Finanzinvestitionen werden dagegen zentral von Treasury- oder M&A-Abteilungen gesteuert.[1]

3.2 Integration von Cash-flow-Größen in das Steuerungssystem für den PKW-Absatz

3.2.1 Anforderungen an eine Integration von Cash-flow-Größen in das betriebliche Steuerungssystem

Zur Lösung der Principal-Agent-Probleme im PKW-Absatz wird die Lösung mittels einer Zielvorgabe vorgeschlagen. Dadurch sollen die dezentralen Entscheidungsträger ihre Entscheidungen im Sinne der Unternehmensziele treffen.[2] Unter einer Zielvorgabe wird deshalb eine schriftlich festgelegte Plangröße verstanden, die einem Verantwortungsbereich zur Ausrichtung

---

[1] vgl. Daimler [Geschäftsbericht] 91
[2] vgl. Küpper [Controlling] 439

seiner Entscheidungen an den Zielen des Unternehmens für eine Periode vorgegeben wird.[1] Sie weist dabei fünf verschiedene Merkmale auf:[2]

- das Zielobjekt,   - das Zielkriterium,   - der Zielmaßstab,
- das Zielausmaß,   - der Zeitbezug.

Unter dem Zielobjekt wird der Verantwortungsbereich, dem das Ziel vorgegeben wird, festgelegt. Das Zielkriterium stellt die Größe dar, an der die Entscheidungen auszurichten sind. Die Messung der Erreichbarkeit erfolgt durch den Zielmaßstab. Das Zielausmaß gibt die gewünschte Höhe des Zielkriteriums an und der Zeitbezug den Zeitraum der Gültigkeit der Zielvorgabe. Die Verantwortungsbereiche können allgemein als organisatorische Einheiten bezeichnet werden, die einen Erfolgsbeitrag für das Gesamtunternehmen leisten und dabei Verantwortung gegenüber ihren Entscheidungen und ihrer Zielerreichung übernehmen.[3]

Kriterium / Center	Verantwortlichkeit	Entscheidungskompetenzen	Vorgaben	Beispiel
Revenue Center	Erlöse	Ausführung, Output	Input (Absatzprogramm), Investitionen	Vertriebsabteilung
Profit Center	Erfolg	Ausführung, Input, Output	Investitionen	Division
Investment Center	Rentabilität	Ausführung, Input, Output, Investitionen	Finanzmittel	Division

Abb. 6: Center im PKW-Absatz (vgl. Friedl [Controlling] 15, angepasst)

Sie können im PKW-Absatz als Revenue-, Profit- und Investment-Center auftreten. Während Revenue-Center lediglich für ihre Erlöse verantwortlich sind, besitzen Profit- und Investment-Center die Verantwortung über ihren In- und Output gleichermaßen.[4] Zusätzlich zu ihrem In- und Output, entscheiden Investment-Center zusätzlich noch über eigene Investitionen.

---

[1] vgl. Friedl [Controlling] 254
[2] vgl., auch im Weiteren, Friedl [Controlling] 244, Hauschildt [Zielsysteme] 2419 f.
[3] vgl. Frese/Lehmann [Profit Center] 1541
[4] vgl. Frese/Lehmann [Profit-Center] 1542 f.

Bei Profit-Centern werden diese zentral vorgegeben. Die möglichen Center-Formen im PKW-Absatz ergeben sich aus Abbildung 6.

Bei Profit- und Investment-Centern wird die Anforderung gestellt, dass sie unabhängig von Entscheidungen anderer Center sind. Im PKW-Absatz wird diese Anforderung durch länderübergreifende Verrechnungspreise zu marktüblichen Konditionen zur internen Leistungsverrechnung erfüllt.[1] Erste Anforderung bei der Vorgabe von Zielen ist daher die Beachtung der organisatorischen Ausgestaltung der Verantwortungsbereiche. Das Ziel-kriterium stellt im hier betrachteten Fall eine Cash-flow-Größe dar. Diese sind Geldgrößen für einen Organisationsbereich für eine Periode und erfüllen damit das Budget-Kriterium. Wenn ein Cash flow sowohl input- als auch outputbezogene Größen enthält, handelt es sich genauer um ein Differenzbudget.[2] Dieses muss zur Steuerungswirkung auch Anforderungen an das Zielausmaß erfüllen.[3] Es sollte erreichbar sein und dies sollte auch vom Delegierten so angesehen werden. Trotzdem sollte es anspruchsvoll sein und auch als erstrebenswert gesehen werden. Die erste Anforderung kann als Mindestvoraussetzung gesehen werden, die vierte ist durch die Verbindung mit Anreizsystemen erreichbar. Die zweite und dritte erfordern eine führungspolitische Entscheidung über die Höhe des Budgets. Argumentationen über die Budgethöhe können etwa auf kosten-theoretischer Basis durch Werttreiberbäume als Kennzahlensysteme her-geleitet werden.[4] Die letztliche Höhe des Budgets ist dann ein Kompromiss aus Erreichbarkeit und Anspruchshöhe.

Schließlich gilt es noch inhaltlich, die passenden Kennzahlen zur Messung der Zielerreichung zu finden, hier also eine passend definierte Cash-flow-Größe. Diese Aufgabe besitzt besonders wichtigen Charakter, da der Delegierte seine Entscheidungen an dieser Kennzahl ausrichten wird.[5]

---

[1] vgl. Friedl [Controlling] 254
[2] vgl. Troßmann [Controlling] 190
[3] vgl., auch im Weiteren, Troßmann [Controlling] 197 f.
[4] vgl., auch im Weiteren, Troßmann [Measurement] 1014 f.
[5] vgl. Troßmann [Controlling] 137 f.

Daher können folgende inhaltlichen Anforderungen an Kennzahlen zur Steuerung gestellt werden:[1)]

- Sie sind mit den Unternehmenszielen vereinbar (Zielkonsistenz),
- sie sind durch den Delegierten beeinflussbar (Prinzip der Controllability),
- die erforderlichen (Teil-)Größen sind belegbar.

Die ersten beiden Anforderungen an Kennzahlen werden insbesondere noch in Kapitel 4 betrachtet. Die Belegbarkeit ist insbesondere für nachträgliche Kontrollen der tatsächlichen realisierten Kennzahlenhöhe zum Abgleich mit den gemachten Zielvorgaben in der hierarchischen Steuerung bedeutsam.

3.2.2 Aufbau eines Cash-flow-orientierten Werttreiberbaumes zur Steuerung im mehrstufigen PKW-Absatzsystem

Um einem Verantwortungsbereich eine adäquate Zielvorgabe geben zu können, muss zunächst entschieden werden, welche Vorgabegröße inhaltlich gewählt werden soll, sowie deren gewünschte Ausprägung festgelegt werden. Hierbei muss auch die Hierarchiestufe des betrachteten Verantwortungsbereichs beachtet werden, da etwa für tiefere Hierarchieebenen aggregierte Wertgrößen schlechter greifbar sind als Mengen- oder Zeitgrößen, es wird daher auf sogenannte Sekundärzielgrößen übergegangen, die zielkongruent mit dem eigentlichen Oberziel sein müssen.[2)] Solche Zusammenhänge werden in einem Kennzahlensystem abgebildet, aus dem zum einen die Kennzahlen zur Vorgabe als auch deren Einflussgrößen zur Planung der gewünschten Ausprägung abgeleitet werden können.[3)] Ein Kennzahlensystem wird als eine geordnete Zusammenstellung von mehreren Kennzahlen verstanden, wobei die Ordnungsbeziehungen durch definitionslogische, empirisch-kausale oder

---

[1)] vgl. Friedl [Controlling] 260
[2)] vgl. Troßmann [Measurement] 1014.
[3)] vgl. Friedl [Controlling] 256

Präferenz-Relationen festgelegt sind.[1] Während definitionslogische Beziehungen durch mathematische Abhängigkeiten gekennzeichnet sind, beruhen empirisch-kausale auf vermuteten Zusammenhängen, Präferenz-Relationen geben die subjektive Vorziehenswürdigkeit von Alternativen an.

Abb. 7: Werttreiberbaum mit direkter Cash-flow-Berechnung (eigene Darstellung, angelehnt an Friedl [Controlling] 276)

Ein solches Kennzahlensystem mit Cash-flow-Größen, auch Werttreiber-baum genannt, könnte wie in Abbildung 7 aussehen. Da Automobilhersteller in der Regel börsennotierte Gesellschaften sind, wird der Shareholder Value in diesem Werttreiberbaum als oberste Zielgröße angenommen. Dieser ist wiederum abhängig von den Free Cash flows der zukünftigen Perioden, welche sich jeweils als Differenz zwischen operativem Cash flow und Investitionsausgaben ergeben. Ersterer ist schließlich von den operativen Ein- und Auszahlungen abhängig. Zur indirekten Steuerung unter Beachtung der Hierarchiestufen im PKW-Absatz kann der Shareholder Value als Zielgröße auf Konzern oder Divisionsebene angesetzt werden. Free Cash flow oder operativer Cash flow sind immer noch hoch aggregierte Größen und wären etwa als Vorgaben auf Ebene der gesamten Vertriebs-gesellschaft möglich. Ein operatives Cash-flow-Budget als Differenz zwischen Ein- und Auszahlungen aus dem Absatzprozess würde sich zur Vorgabe für konzerninterne Einzelhändler anbieten. Da es sowohl In- als

---

[1] vgl., auch im Weiteren, Troßmann [Controlling] 128

auch Output-Größen beinhaltet, würde ein Differenzbudget auf Basis des Cash flows eine vollständige Zielvorgabe darstellen.[1]

Zu Planungszwecken kann der Werttreiberbaum in umgekehrter Reihenfolge verwendet werden. Die Einzelhändler planen aufgrund ihres Marktwissens den voraussichtlichen operativen Einzahlungsüberschuss, daraus ergeben sich dann Zielhöhen für die Vertriebsgesellschaften, die ihrerseits noch eigene Positionen ergänzen und deren Planung schließlich in die des Shareholder Value auf Konzernebene einfließt. Das Vorgehen erlaubt auch die Bestimmung von Vorgaben bei stagnierenden oder rückläufigen Märkten, wenn die Planung als Grundlage für Vorgaben verwendet wird.[2] Gerade aus der direkten Methode können die Größen dann besser begründet und geplant werden, da die Zahlungsströme direkt auf Sachverhaltsebene betrachtet werden und Einzelhändler eher aus dieser Sicht als aus einer bilanziellen planen können. Diese Sichtweise ist ebenso nützlich, wenn es um die Begründung des Shareholder Values geht, der sich schließlich aus all den einzelnen Zahlungsströmen der Sachverhalte zusammensetzt. Auch eine nachträgliche Kontrolle und Abweichungsanalyse wird durch den Blickwinkel des Sachverhaltsbezugs vereinfacht. Trotzdem ist natürlich auch ein Werttreiberbaum nach indirekter Methode erstellbar, etwa unter Einbezug des Cash Value Added als Zwischengröße. Ein beispielhaftes Kennzahlensystem zeigt Abbildung 8.

Der Cash Value Added kann hier aufgrund des Lücke-Theorems als Unterkennzahl des Shareholder Value betrachtet werden und ist damit bei richtiger Anwendung barwertkompatibel.[3] Der Shareholder Value ergibt sich hierbei als Kapitalwert der zukünftigen CVAs, abzüglich des Marktwerts des Fremdkapitals. Die Anfangsinvestition wird durch die Annuitätenabschreibungen und die Kapitalkosten berücksichtigt.

---

[1] vgl. Troßmann [Controlling] 194
[2] vgl. Plaschke [Incentive] 253
[3] vgl. Weißenberger [Shareholder] 12, zum Lücke-Theorem Lücke [Grundlage] 310 ff.

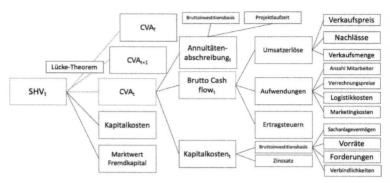

Abb. 8: Werttreiberbaum mit indirekter Berechnung (eigene Darstellung, angelehnt an Ebeling [Erfolg] 170)

3.2.3 Verhältnis von Cash-flow-Größen zu anderen Steuerungsgrößen

Zur Steuerung kommt letztlich eine ganze Reihe von Kennzahlen in Frage. Einfachste Möglichkeit wäre die Übernahme der Ergebnisgrößen des externen Rechnungswesens, da diese ohnehin pflichtmäßig ermittelt werden müssen, wenn die Vertriebsgesellschaften Legaleinheiten darstellen. Dazu gehören der Jahresüberschuss, sowie um Steuern und Zinsen modifizierte Versionen davon, wie der EbIT. Wenn aber das Ziel eines Unternehmens die Steigerung des Unternehmenswerts darstellt und dies konsequent über die Hierarchieebenen verfolgt werden soll, ist der Jahresüberschuss ungeeignet. Dies wird schon aus dem Zweck der handelsrechtlichen Gewinnermittlung deutlich, da dessen oberstes Ziel der Gläubigerschutz ist.[1] Der handelsrechtliche Gewinn soll damit nur ausdrücken, inwieweit Ausschüttungen an die Eigentümer möglich sind, ohne das Interesse der Gläubiger zu verletzen. Ein Urteil über die Wertsteigerung des Unternehmens kann daher nicht getroffen werden, da Eigentümer den Wert eines Unternehmens anhand zukünftiger Zahlungen berechnen, anstatt über vergangenheitsorientierte Periodengewinne.

---

[1] vgl,, auch im Weiteren, Bühner [Gewinn] 30 f.

Ein zweites Gegenargument betrifft die Manipulierbarkeit des Jahres-
überschusses. Ansatz- und Bewertungswahlrechte bringen einen Mani-
pulationsspielraum mit sich, der die Leistung des Managements ver-
schleiern kann.[1] Zusätzlich gibt der Jahresüberschuss keine Auskunft über
die finanzielle Handlungsfähigkeit des Unternehmens.[2] Der Cash flow
dagegen weist eine Nähe zum Unternehmenswert und zur Finanzkraft auf,
zudem gilt er als weniger manipulierbar.[3] Dafür können Cash flows eine
höhere Schwankung aufweisen, da Investitionen nicht über Perioden
verteilt werden und auch keine Entkopplung von Zahlung und Erfolg durch
Periodisierung stattfindet.[4] Eine erweiterte Variante des Gewinns (und
Vertreter der wertorientierten Steuerungskennzahlen) ist der Economic
Value Added, kurz EVA. Erweitert ist er in dem Sinne, dass er eine nähere
Beziehung zur Wertsteigerung des Unternehmens besitzt, da er auch
Kapitalkosten auf das Eigenkapital berücksichtigt. Er wird allgemein als
Gewinn vor Zinsen abzüglich Kapitalkosten auf das zu Beginn des Jahres
eingesetzte Vermögen berechnet.[5] Um das Argument der Manipulierbarkeit
auszuhebeln, werden zudem verschiedene Anpassungen vorgeschlagen,
die allerdings durchaus kritisch gesehen werden.[6] Das Cash-flow-basierte
Gegenstück, der CVA, kommt dagegen ohne solche Anpassungen aus,
berücksichtigt aber auch die Kapitalkosten und hat eine höhere Bedeutung
in der Messung der Finanzkraft. Beide Größen weisen aber eine Tendenz
zur Fehlsteuerung aufgrund ihrer periodenweisen Betrachtung auf.[7] Der
EVA wird allerdings von den PKW-Herstellern als Steuerungskennzahl
präferiert, möglicherweise durch die Nähe zur vertrauten Größe des
handelsrechtlichen Gewinns.[8] Schließlich werden als Steuerungskennzahlen häufig noch Rentabilitäten angebracht, die das Verhältnis zwischen
einer Gewinn- und einer Vergleichsgröße anzeigen. Im Falle der

---

[1] vgl. Plaschke [Incentive] 134
[2] vgl. Refäuter [Basis] 114
[3] vgl. Siegwart [Cash-flow] 63
[4] vgl. Gladen [Performance] 147 f.
[5] vgl. Troßmann [Kennzahlen] 194, ursprünglich Stern/Stewart [EVA] 46 ff.
[6] vgl. Laux [Anreiz] 352 ff.
[7] vgl. Troßmann [Kennzahlen] 206 f.
[8] vgl. Daimler [Geschäftsbericht] 77 f., BMW [Geschäft] 20 f.

Kapitalrentabilität wird hier angenommen, dass durch die Verhältnisbildung der Kapitaleinsatz einer Investition herausgerechnet und damit Projekte vergleichbar gemacht werden. Ebenso wird die vermeintlich „einfache" Interpretation der Kapitalrentabilität ‚ähnlich eines Zinssatzes, einen vermeintlichen Vorteil dar. Zum einen kann diese Interpretation ‚aufgrund der Unteilbarkeit von Realgütern, nicht ohne Weiteres auf Sachinvestitionen übertragen werden. Zum anderen kann die Kapitalrentabilität zu erheblichen Fehlsteuerungen führen.[1] Dies liegt daran, da ein Manager, der die Rentabilität maximieren möchte, nur Projekte mit den höchsten Rentabilitäten durchführen würde – und alle anderen nicht, obwohl sie einen positiven Kapitalwert aufweisen und sich damit auch unternehmenswertsteigernd auswirken würden. Diese Problematik ergibt sich unabhängig von der Verwendung von Gewinn- oder Cash-flow-Größen in Rentabilitäten. Obwohl sie teilweise in der Literatur vorgeschlagen[2] und ebenso von manchen PKW-Herstellern verwendet werden,[3] werden sie aufgrund generellen Ungeeignetheit in der Unternehmenssteuerung im Folgenden nicht mehr näher betrachtet.

3.2.4 Typische Maßnahmen des Cash-flow-Managements

Die Betrachtung von Werttreiberbäumen machte bereits den Zusammenhang von Kennzahlen und deren Einflussgrößen deutlich, daher sollen jetzt Maßnahmen zur Beeinflussung von Cash-flow-Größen betrachtet werden, man spricht auch von Cash-flow-Management. Neben bereits genannten Einflussgrößen auf den Cash flow, wie Preis- und Rabattpolitik oder die Wahl von Zahlungsmodellen, steht insbesondere die Wahl des Zahlungszeitpunkts der Auszahlungen im Fokus eines Cash-flow-Managements bei dezentralen Einheiten. Innerhalb der DAX-30-Unternehmen werden dabei die Maßnahmen aus Abbildung 9 verwendet. Das kurzfristige Verschieben von Zahlungszeitpunkten bezieht sich auf

---

[1] vgl., auch im Weiteren, Troßmann [Kennzahlen] 190 f.
[2] vgl. Siegwart [Cash-flow] 63
[3] vgl. VW [Geschäft] 56 f., Audi [Geschäft] 141

Verbindlichkeiten aus Lieferungen und Leistungen. Diese werden oft unverzinst vom Lieferanten mit einem Zahlungsziel gegeben.[1] Dazu wird die Zahlung innerhalb des Zahlungsziels oft noch mit einem Skonto auf den Rechnungsbetrag belohnt. Die Auszahlung kann also durch Ausnutzung der Zahlungsziele verzögert werden, was eine positive Wirkung auf den Cash-flow besitzt. Eine Verzögerung über das Zahlungsziel hinaus wird allerdings nicht empfohlen, da dies zum einen zum Verlust des Skontoabzugs führt, zum anderen den Lieferanten strapaziert und dieser unter Umständen nur noch Zahlungen per Vorkasse akzepiert.[2] Stattdessen sollte diese Maßnahme etwa partizipativ eingesetzt werden, indem im Voraus mit dem Lieferanten ein langes Zahlungsziel mit hohem Skonto vereinbart wird.

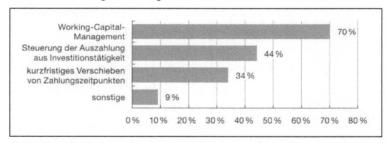

Abb. 9: Verwendung von Cash-flow-Maßnahmen bei DAX-30-Unternehmen (vgl. Weber/Wewer [Excellence] 23)

Am zweithäufigsten wird die Maßnahme des Verschiebens von Investitionen verwendet. Aufgrund ihrer hohen Anfangsauszahlung belasten sie die Liquidität eines Unternehmens zunächst sehr stark, während sie sich häufig erst in Folgeperioden auszahlen. Daher bietet sich unter Umständen eine Verschiebung der Investition in spätere Perioden an, wobei dadurch auch Effekte daraus erst später realisiert werden können und Ersatzinvestitionen oftmals zwingend zur Aufrechterhaltung der Betriebstätigkeit notwendig sind. Solche positiven Effekte einer frühzeitigen Investition sind etwa höhere Einzahlungen durch dadurch ermöglichte

---

[1] vgl. Klepzig [Working Capital] 171 f.
[2] vgl., auch im Weiteren, Klepzig [Working Capital] 172

Produktinnovationen, das schnellere Realisieren von Lerneffekten, Qualitätsverbesserungen durch frühzeitige Prozessinnovationen.[1]

Am häufigsten wird als Maßnahme das Working-Capital-Management genannt. Darunter werden alle zielgerichteten Maßnahmen zur Gestaltung und Steuerung des Working Capitals, welches sich im Wesentlichen aus Vorräten, Forderungen aus Lieferung und Leistung sowie Verbindlichkeiten aus Lieferung und Leistung zusammensetzt, verstanden.[2] Hierzu kann der bereits genannte Cash-Conversion-Cycle betrachtet werden. Eine Verringerung der Vorräte soll die Bindung des Kapitals reduzieren und dadurch schneller monetär zurückfließen. Dies kann durch eine Verschlankung von Beschaffungsprozessen geschehen, indem z. B. Rohstoffe zeitlich exakt dann geliefert werden, wenn sie zur Produktion benötigt werden. Solche Maßnahmen werden unter dem Schlagwort der Just-in-Time-Produktion behandelt.[3] Im PKW-Absatz spielt allerdings der Bestand an fertigen Erzeugnissen eine größere Rolle, da dieser schließlich auch Lagerflächen in Anspruch nimmt. Vor allem Vertriebsgesellschaften dürften ein Interesse am schnellen Abbau dieses Bestands haben, da ihnen das fertige Fahrzeug oft unmittelbar nach Produktion zum Bestand zugerechnet wird. Eine zeitliche Optimierung der Supply-Chain, die zu kürzeren Stand- und Lieferzeiten bei der Vertriebsgesellschaft führt, wäre hier denkbar.[4] Schließlich ist noch eine Reduzierung von Forderungen ein Ziel des Working-Capital-Managements, wodurch diese frühzeitig zu Cash-In-flows werden sollen. Dazu werden sowohl präventive, als auch reaktive Maßnahmen vorgeschlagen.[5] Präventive Maßnahmen, wie eine Bonitätsprüfung und schnelle Rechnungserstellung, sollen die frühzeitige Zahlungsfähigkeit sicherstellen, reaktive Maßnahmen, wie ein Mahnwesen, sollen zu einer Begleichung ausstehender Rechnungen führen.[6]

---

[1] vgl. Bühner/Weinberger [Cash-Flow] 197
[2] vgl. Klepzig [Working Capital] 7
[3] vgl. Klepzig [Working Capital] 152 ff.
[4] vgl. Klepzig [Working Capital] 152
[5] vgl., auch im Weiteren, Mochel/Stolte [Forderung] 231 ff.
[6] vgl. Haerle/Hellener/Kaum [Kerngröße] 88

4. Gestaltung eines Anreizsystems mit Cash-flow-Größen im PKW-Absatz

4.1 Anreizsysteme als Koordinationsinstrument zur Lösung von Principal-Agent-Problemen

4.1.1 Generelle Anforderungen an ein Anreizsystem

Da Controlling die Koordination im Führungsbereich umfasst, gehört zu dessen Aufgaben auch die Abstimmung zwischen dem Ziel- und Motivationssystem einer Unternehmung.[1] Der Zusammenhang zwischen Zielen und Motivation wird auch in der Principal-Agent-Theorie deutlich. Die Vertriebsstufen im PKW-Absatz sind anfällig für Principal-Agent-Probleme aufgrund von Interessenkonflikten. Man spricht hier auch von Präferenz-defiziten, d. h. der Delegierte verfolgt andere Ziele als das Unternehmen, er möchte z. B. sein Arbeitsleid so gering wie möglich halten.[2] Daneben können solche Probleme auch aufgrund von Fähigkeitsdefiziten auftreten, d. h. der Delegierte besitzt nicht die Kenntnisse zur Ausführung der über-tragenen Tätigkeit. Während letztere durch Schulungsmaßnahmen gelöst werden können, werden zur Lösung von Präferenzdefiziten Maßnahmen basierend auf Anreizen und Kontrollen eingesetzt.[3] Da Principal-Agent-Probleme von Natur aus schwierig durch Kontrollen lösbar sind – weil diese als aufwendig und teuer angesehen werden[4] – werden zur Lösung Anreizsysteme vorgeschlagen. Diese stellen auf extrinsisch motivierte Mitarbeiter ab, d. h. ihre delegierte Aufgabe stellt ein Mittel zum eigentlich präferierten Zweck dar.[5] Das Anreizsystem soll dann Interessengleichheit zu dem Ziel des Unternehmens herstellen. Werden dabei positive Anreize, d. h. bei Zielerfüllung verbessert sich die Situation für den Delegierten,

[1] vgl. Troßmann [Controlling] 4 ff.
[2] vgl., auch im Weiteren, Laux [Anreiz] 23
[3] vgl. Troßmann [Controlling] 227 ff.
[4] vgl. Friedl [Controlling] 329
[5] vgl. Troßmann [Controlling] 227

verwendet und sind dessen Mechanismen vorher bekannt und vereinbart, dann spricht man von Belohnungs- oder Incentivesystemen.[1] Zur Sicherung der Wirkung von Belohnungssystemen werden eine Reihe von Anforderungen genannt, die sich teils auf einzelne Komponenten, teils auf das gesamte System an sich beziehen.[2] Dazu gehören die Anreiz-kompatibilität, die Beeinflussbarkeit (Controllability), die Kollusionsfreiheit, die intersubjektive Überprüfbarkeit und die Effizienz. Anreizkompatibilität meint, dass die durch das System gesetzten Anreize mit den Zielen des Unternehmens auch tatsächlich in Einklang stehen müssen. Das Prinzip der Controllability besagt, dass der Delegierte durch seine Entscheidungen die Größen beeinflussen können soll, nach denen er beurteilt wird. Weiterhin soll ein Unterwandern des Anreizsystems verhindert werden es darf also nicht manipulierbar sein. Dies fordert die Kollusionsfreiheit. Mit der inter-subjektiven Überprüfbarkeit ist gemeint, dass der Delegierte die Beziehung zwischen Belohnung und Bemessungsgrundlage nachvollziehen kann, ihm ist also im Voraus bewusst, wie sich eine Änderung der Grundlage auf seine Belohnung auswirken wird. Schließlich gilt noch die Effizienz als Anforde-rung an das gesamte System, d. h. der Mitarbeiter soll eine Wirkung des Systems spüren, wenn er zielentsprechend handelt. Mit Effizienz ist aller-dings ebenso das Verhältnis von Einsatz und Ergebnis gemeint. Wenn also die Einführung des Anreizsystems zu unverhältnismäßigem (monetärem) Einsatz führt, der dessen vorteilhaften Einfluss auf die Zielgröße überschattet, gilt es nicht als effizient.

4.1.2 Allgemeine Komponenten eines Belohnungssystems

Ein Belohnungssystem besteht aus mehreren Komponenten, deren Zusammenspiel wird in Abbildung 10 ersichtlich.

---

[1] vgl. Troßmann [Controlling] 230 ff.
[2] vgl., auch im Weiteren, Laux [Anreize] 27 ff., Troßmann [Controlling] 234 ff., Friedl [Controlling] 331 ff.

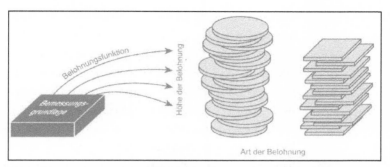

Abb. 10: Komponenten eines Belohnungssystems (vgl. Troßmann [Controlling] 233)

Die Bemessungsgrundlage ist die Beurteilungsgröße, nach der die Leistung des Entscheidungsträgers bemessen wird.[1] Ziel ist es, eine Größe zu wählen, die die Leistung des Entscheidungsträgers möglichst treffend misst.[2] Man befindet sich also im Problembereich der Kennzahlendefinition. Für Bemessungsgrundlagen gelten aus bereits genannten Anforderungen insbesondere die Anreizkompatibilität und das Prinzip der Controllability.[3] Dies zeigt schon die Nähe zur Steuerung mit Kennzahlen. Die Zielvorgabe wird bei Belohnungssystemen allerdings noch verstärkt, indem das Erreichen oder Nicht-Erreichen der Vorgabe zu Konsequenzen für den Gesteuerten führt. In dieser Arbeit werden zur Messung Größen auf Basis des Cash flows verwendet. Deren Erfüllung der Anforderungen wird in folgenden Kapiteln näher betrachtet. Bereits jetzt kann aber gesagt werden, dass ein Dilemma zwischen Anreizkompatibilität und Controllability besteht.[4] Typische anreizkompatible Größen sind etwa Deckungsbeiträge, Gewinne, Cash flows, Umsätze oder Stückkosten. Deren Beeinflussbarkeit durch die Leistung des Entscheidungsträgers ist allerdings begrenzt, da noch weitere externe Einflussgrößen darauf einwirken. Belohnt man dagegen die Anstrengung, die der Entscheidungsträger in seine Arbeit

---

[1] vgl. Friedl [Controlling] 333
[2] vgl. Laux [Anreize] 26
[3] vgl. Troßmann [Controlling] 234 ff.
[4] vgl., auch im Weiteren, Troßmann [Controlling] 237

steckt, ist dies zwar gut von ihm steuerbar, ob mit der Tätigkeit allerdings auch die betrieblichen Ziele erreicht werden, ist unklar. Deshalb muss beurteilt werden, inwiefern Kennzahlen diesen Anforderungen gerecht werden. Zweite Komponente in Belohnungssystemen ist die Belohnung an sich. Nach der Erwartungs-Valenz-Theorie wirken sich Belohnungen auf die Anstrengungen eines Entscheidungsträgers nur aus, wenn sie zur Befriedigung seiner Motive beitragen.[1] Daher werden oft monetäre Belohnungen vereinbart, da der Entscheidungsträger dann über deren Verwendung entscheidet. Allerdings sind auch immaterielle Belohnungen, wie Beförderung oder zusätzliche Verantwortung, denkbar. Belohnung und Bemessungsgrundlage werden schließlich durch eine Belohnungsfunktion verbunden. Sie beschreibt die Abhängigkeit der Belohnung von der Bemessungsgrundlage.[2] Fragestellungen hierzu beinhalten etwa das Verhältnis von fixen und variablen Gehaltsbestandteilen, die Relation von Bemessungsgrundlage und variabler Belohnung sowie deren Gültigkeits-grenzen.[3] An die Belohnungsfunktion kann insbesondere die inter-subjektive Überprüfbarkeit als Anforderung gestellt werden, da der Delegierte dann die Konsquenzen seiner Entscheidungen transparent abwägen kann. Als vierte Komponente wird zusätzlich die Einführung einer Ausschüttungsregel diskutiert.[4] Diese soll festlegen, zu welchem Zeitpunkt eine Ausschüttung der Belohnung erfolgt. Dabei sollen Entscheidungen und deren Konsequenzen in Zusammenhang mit der Ausschüttung der Belohnung gebracht werden.[5] So sollen Entscheidungen mit längerfristigen Auswirkungen auch erst zu einer verzögerten Ausschüttung führen, um Kurzfristdenken von Managern zu verhindern.

---

[1] vgl., auch im Weiteren, Friedl [Controlling] 333 f. und 227 ff.
[2] vgl. Laux [Anreize] 27
[3] vgl., auch im Weiteren, Friedl [Controlling] 337 f. und Gladen [Performance] 196 f.
[4] vgl. Lange/Walth [Top-Manager] 32 ff.
[5] vgl., auch im Weiteren, Hungenberg [Anreiz] 361

4.2 Eignung von Cash-flow-Größen als Bemessungsgrundlage für Belohnungssysteme

4.2.1 Prüfung der Cash-flow-Größen auf Anreizkompatibilität

Die Anreizkompatibilität ist eine der Hauptanforderungen an Kennzahlen als Bemessungsgrundlage für Anreizsysteme. Diese soll die Kongruenz der betrieblichen Ziele mit den durch die Bemessungsgrundlage gegebenen Anreize garantieren.[1] Daher sollen im Folgenden Cash-flow-Größen auf diese Eigenschaft überprüft werden. Dabei werden die bereits teilweise zur Vergütung verwendeten Cash-flow-Kennzahlen der Praxis aus Kapitel 2.2.2 genauer untersucht. Diese sind der operative Cash flow, der Free Cash flows und der Cash Value Added.

Zur Überprüfung sind zunächst die betrieblichen Ziele zu identifizieren. Aufgrund der Börsennotierung der PKW-Hersteller wird vom Shareholder Value als Oberziel ausgegangen. Weiterhin wirken sich die Cash-flow-Größen auf das Ziel der Liquidität aus. Im Allgemeinen kann man bei der Liquidität von einem Satisfizierungsziel ausgehen.[2] Ist dieses erreicht soll der Shareholder Value gesteigert werden. Das Liquiditätsziel gewinnt insbesondere in den eingangs erwähnten Krisenzeiten an Bedeutung gegenüber anderen Zielen. Ansonsten ist eine erhöhte Kassenhaltung nicht erwünscht, da sich daraus die Problematik der Free-Cash-flow-Hypothese ergeben kann.[3] Diese besagt, dass ein zu hoher Liquiditätsbestand das Management dazu verleitet, aus Sicht der Investoren unrentable Investitionen z. B. durch M&A-Aktivitäten durchzuführen.

Im Folgenden wird auch die organisatorische Ausgestaltung der Vertriebsgesellschaften als Profit- oder Investment-Center beachtet. Die betrachteten Cash-flow-Größen sind Output-Größen, daher wird ihnen zunächst

---

[1] vgl. Troßmann [Controlling] 236
[2] vgl. Behringer/Lühn [Cash-flow] 146
[3] vgl., auch im Weiteren, Jensen [Agency] 323 ff.

eine bessere Messbarkeit als Input-orientierten Größen unterstellt.[1] Der operative Cash flow wird vor Investitionen, aber inklusive Working Capital berechnet. Wie im Werttreiberbaum aus 3.2.2 erkennbar, ist der operative Cash flow über den Free Cash flow mit dem Shareholder Value verknüpft, eine Steigerung des operativen Cash flows bei konstanten anderen Einflussgrößen führt daher zu einer Steigerung des Shareholder Values. Geht es allerdings um Investitionen, so beachtet der operative Cash flow die Anfangsauszahlung nicht, diese geht allerdings auch in den Shareholder Value mit ein. Hier wird die Rolle der organisatorischen Ausgestaltung deutlich. Handelt es sich bei der Vertriebsgesellschaft um ein Profit-Center, so kann von diesem nicht über Investitionen, sondern nur über operative Entscheidungen bestimmt werden. Wird von ihm der operative Cash flow verbessert, so ist dies im Sinne des Shareholder Values. Bei Investment-Centern liegt dies nicht vor. Würde es nach einem operativen Cash flow bewertet, so würde es vermutlich alle Investitionen durchführen, die zu einer Steigerung dessen führen, ohne dabei auf die Anfangsauszahlungen zu achten. Eine Zielkongruenz zum Shareholder Value wäre hier nicht gegeben, sondern eine Fehlsteuerung läge vor. Zur Verbesserung des operativen Cash flows wird der Manager einer Vertriebsgesellschaft versuchen, Zahlungen zeitlich vorzuziehen, da dadurch auch ein früherer Belohnungseffekt bei ihm eintritt. Hier wird also eine Zeitpräferenz für frühe Zahlungen angenommen.[2] Ebenso wird er versuchen, die Differenz zwischen operativen Ein- und Auszahlungen zu erhöhen. Dies kann etwa zu einer restriktiveren Rabattvergabe oder Präferenz von sofortiger Barzahlung anstatt Raten- oder Leasingkäufen führen. Dabei besteht die Gefahr einer kurzfristigen Optimierung, da unter solchen Maßnahmen die Kundenzufriedenheit leiden kann, wobei dieser im Premium-PKW-Segment eine eher geringe Bedeutung zugesprochen wird (die Kunden kaufen auch so).[3] Der operative Cash flow liefert jedoch auch einen Anreiz zur Verbesserung des Working Capitals, da nur tatsächliche Zahlungen belohnt werden.

---

[1] vgl. Troßmann [Controlling] 236 f.
[2] vgl. Pfaff/Bärtl [Vergleich] 99 f., Hachmeister [Maße] 1388
[3] vgl. Meffert/Burmann/Kirchgeorg [Marketing] 123

Daher wird ein besseres Forderungsmanagement belohnt, ebenso eine Verbesserung der Lieferkette, da dadurch die Lagerbestände verringert werden. Allerdings wird ebenfalls eine verspätete Begleichung von Verbindlichkeiten honoriert, was sich aufgrund des entgangenen Skonto-abzuges später negativ auswirkt, genauso wie ein möglicher Reputations-verlust bei den Lieferanten. Im Skonto zeigt sich zudem der Konflikt zwischen Liquidität und Erfolg. Ebenso werden beim operativen Cash flow keine Aussagen gemacht, ob eine Vertriebsgesellschaft ihre Kapitalkosten verdient hat.

Betrachtet man den Free Cash flow als Bemessungsgrundlage, der auch Investitionen berücksichtigt, so gibt es eine definitorische Verbindung zum Shareholder Value. Allerdings ist dieser mehrperiodig definiert, eine einperiode Betrachtung des Free Cash flows kann zu Fehlanreizen führen. Bei Profit-Centern würden sich die gleichen Folgen wie beim operativen Cash flow ergeben, da sie keinen Einfluss auf Investitionen haben. Investment-Center würden jetzt allerdings den Effekt der Anfangs-auszahlung auf ihre Belohnung spüren und könnten darüber entscheiden. Aufgrund der Zeitpräferenz für frühe Belohnungen und der hohen Anfangs-auszahlung bei Investitionen, ergibt sich für Investment-Center der Anreiz, eine Investition zu unterlassen, obwohl sie sich im Gesamten positiv auf den Unternehmenswert auswirken würde.[1] Der Free Cash flow ist daher bei Investment-Centern bei periodischer Betrachtung nicht anreizkompatibel mit dem Shareholder Value. Wählt man als Bemessungsgrundlage den CVA, so ist dieser aufgrund seiner Barwertkompatibilität logisch mit dem Shareholder Value verknüpft.[2] Trotzdem ist auch der CVA perioden–bezogen, er zeigt jedoch die Deckung der Kapitalkosten auf. Dies bedeutet, dass der CVA bei mehrperiodiger Betrachtung auf das gleiche Ergebnis wie das Kapitalwert-Kriterium kommt. Durch den Einbezug kalkulatorischer

---

[1] vgl. Pfaff/Bärtl [Vergleich] 100 f.
[2] vgl., auch im Weiteren, Gladen [Performance] 204 f.

Zinsen, bezieht er damit als einzige Cash-flow-Größe die Alternativen-situation mit ein. Er ist somit in Bezug auf die Entscheidungsorientierung vorteilhafter. Fehlsteuerungen können sich allerdings auch hier aus einer periodenindividuellen Betrachtung ergeben, da ein Projekt zwar einen positiven Kapitalwert, aber periodenindividuelle negative CVA-Werte aufweisen kann, was zu einem Projektabbruch hinreisen und dadurch zu einem negativen Kapitalwert führen könnte.[1] Für Investment-Center verbessert sich der CVA gegenüber dem Free Cash flow dahingehend, dass er die Anfangsauszahlung von Investitionen über deren Laufzeit verteilt, es gibt also keinen Anreiz, ein Projekt aufgrund hoher Anfangsauszahlungen zu unterlassen. Im Vergleich zum operativen Cash flow, besteht ein schwächerer Anreiz zur Verbesserung des Working Capitals. Dies liegt daran, da der CVA auf dem Brutto Cash flow basiert, dieser enthält keine Working-Capital-Bestandteile, stattdessen wird dieses beim CVA über die Bruttoinvestitionsbasis über die Projektlaufzeit verteilt.[2] Wäre also eine Vertriebsgesellschaft ein Profit-Center, so wären alle drei Größen anreiz-kompatibel, der CVA allerdings im Working-Capital-Anreiz schlechter. Er berücksichtigt dafür aber Kapitalkosten. Bei Investment-Centern führt der CVA dagegen zum besten Ergebnis, der operative Cash flow birgt die Gefahr der Über-, der Free Cashnflow der Unterinvestition.

4.2.2 Prüfung der Cash-flow-Größen auf Controllability

Das Prinzip der Controllability bezieht sich auf die Beeinflussbarkeit der Bemessungsgröße.[3] Diese soll durch das Verhalten des Gesteuerten be-einflusst werden und zwar möglichst ausschließlich. Sie soll also möglichst frei von externen Einflüssen sein. Dies ist insbesondere bei Input-Größen erfüllbar, da diese direkt vom Verhalten der Gesteuerten abhängig sind, etwa die Anzahl an Kundenansprachen. Dies hat motivatorische Gründe,

---

[1] vgl. Troßmann [Kennzahlen] 206
[2] vgl. Weißenberger [Shareholder] 12
[3] vgl., auch im Weiteren, Troßmann [Controlling] 234 f.

der Gesteuerte soll zum einen nur für seine eigene Anstrengung eine Belohnung erhalten, zum anderen aber auch nicht Konsequenzen
verantworten müssen, die er nicht beeinflussen kann.[1] Da die hier
betrachteten Cash-flow-Größen allerdings Output-Größen darstellen, liegt
eine Schwäche hinsichtlich der Controllability in deren Natur, da sie
anfälliger für externe Einflüsse sind. Ein Händler kann zwar seine eigenen
Verkaufsbemühungen beeinflussen, allerdings nicht ob, der Kunde sich
auch für den Kauf entscheidet bzw. wann und ob er bezahlt. Es kann aber
von einer Relation zwischen Verkaufsbemühungen und Verkaufserfolg aus-
gegangen werden. Die Prüfung der Cash-flow-Größen erfolgt auch hier
wieder unter der Berücksichtigung der Organisationsstruktur, da eine Beeinflussbarkeit der Bemessungsgrundlage auch entsprechend übertragene
Handlungskompetenzen voraussetzt.[2] Der operative Cash flow ist durch
die Absatzbemühungen beeinflussbar, ebenfalls durch Working-Capital-
Maßnahmen. Allerdings fließen auch Rückflüsse aus Investitionen in diesen
ein. Bei Investment-Centern kann er also durch die Entscheidung über die
Investition beeinflusst werden, in Profit-Centern dagegen nicht, weshalb
Controllability im ersten Fall vorliegt, im zweiten ist diese jedoch schlechter.
Gleiches gilt für den Free Cash flow als Bemessungsgrundlage, wobei
Profit-Center hier auch nicht über die Anfangsauszahlung entscheiden
könnten, ihnen diese Wirkung aber trotzdem in ihrer Bemessungsgrundlage
zugerechnet werden würde. Anders bei Investment-Centern, diese können
Investitionen und damit auch den Free Cash flow als Bemessungsgrundlage beeinflussen. Ähnlich gestaltet sich dies beim CVA. Ein Profit-
Center kann zwar den darin verwendeten Brutto Cash flow durch seine
Absatzbemühungen beeinflussen, die Bruttoinvestitionsbasis als Grundlage
ökonomischer Abschreibungen und kalkulatorischer Zinsen kann allerdings
nicht beeinflusst werden, diese wird zentral über die Investitionsentschei-
dung bestimmt. Ein CVA würde also beim Profit-Center mit den ökonomischen Abschreibungen und Zinsen Bestandteile enthalten, auf die das

---

[1] vgl. Gladen [Performance] 199, ursprünglich Solomons [Measurement] 83
[2] vgl. Plaschke [Incentive] 109

Profit-Center keinen Einfluss besitzt, daher ist die Controllability auch hier wieder schlecht erfüllt. Da Investment-Center über Investitionen bestimmen können, beeinflussen sie auch die Bruttoinvestitionsbasis und die darauf aufbauenden Größen im CVA. Damit sind die ökonomische Abschreibung und kalkulatorischen Zinsen auch für Folgeperioden vordisponiert, dort können sie nicht mehr beeinflusst werden, außer durch eine Desinvestition. Vorteilhaft ist allerdings zu sehen, dass der CVA immer auf das zu Anfang investierte Kapital bezogen ist, eine Änderung kalkulatorischer Zinsen durch Alterungseffekte im investierten Kapital wird daher nicht in den CVA einbezogen.[1] Zusammenfassend ist festzustellen, dass alle Cash-flow-Größen durch externe Einflüsse keine ausschließliche Beeinflussung aufweisen. Für Profit-Center erfüllt aber der operative Cash flow das Controllability-Printip am ehesten. Investment-Center können aufgrund weiterer Entscheidungskompetenzen sowohl operativer Cash flow, Free Cash flow als auch CVA gut beeinflussen. Weiterhin sollte noch beachtet werden, dass aus Gründen der gerechten Entlohnung gute Leistungen honoriert werden sollten, auch wenn ungünstige, durch den Gesteuerten unbeeinflussbare, Bedingungen eingetreten sind, die zu einer schlechteren Bemessungsgrundlage führten. Dies kann durch flexible Cash-flow-Budgets als Bemessungsgrundlage geschehen, wodurch die Höhe der Vorgabe an die neu aufgetretenen Umstände angepasst werden kann.

4.2.3 Prüfung der Cash-flow-Größen auf Kollusion

Die Kollusion zielt auf die Unterwanderung des Belohnungssystems, in diesem Fall durch unerwünschte Beeinflussung der Cash-flow-Größen als Bemessungsgrundlagen. Dies bedeutet, dass ein Entscheidungsträger eine höhere Belohnung erhalten kann, ohne ein höheres Leistungsniveau im Sinne der betrieblichen Ziele vorzuweisen.[2] Gerade den Cash-flow-Größen wird zugutegehalten, dass sie manipulationsfrei wären.[3] Dies trifft sicherlich

[1] vgl. Gladen [Performance] 201 f.
[2] vgl. Troßmann [Controlling] 241
[3] vgl. Siegwart [Cash-flow] 67, Plaschke [Incentive] 135

bezogen auf Ausnutzung bilanzpolitischer Spielräume zu, da etwa Abschreibungen nicht zahlungswirksam sind. Dennoch schließt dies nicht kollusives Handeln der Entscheidungsträger auf andere Weise aus. Die Cash-flow-Größen sind dabei besonders durch Maßnahmen der kurzfristigen Optimierung kolludierbar. Beim operativen Cash flow und Free Cash flow besteht bei Profit- und Investment-Centern der Anreiz, Vorräte abzubauen.[1] Im PKW-Absatz könnte dies dazu führen, dass Vertriebsgesellschaften versuchen würden, die fertigen Fahrzeuge möglichst lange im Zurechnungsbereich der Zentrale zu behalten, anstatt in ihrem eigenen. Dies würde bei der Zentrale ein Lagerproblem hervorrufen, sollte nicht genug Lagerfläche vorhanden sein. Durch zusätzliche Fläche entstehen zusätzliche Kosten, das Belohnungssystem würde also aus Gesamtsicht des Unternehmens zu suboptimalen Entscheidungen führen. Zudem besteht eine Kollusionsmöglichkeit durch das Aufschieben von Auszahlungen.[2] Dies betrifft zunächst die Lieferverbindlichkeiten, die direkt in den operativen Cash flow und den Free Cash flow eingehen. Indirekt wird der CVA über die Bruttoinvestitionsbasis beeinflusst. Reputationsschäden und schlechtere Zahlungskonditionen bei Lieferanten könnten die Folge einer kurzfristigen Cash-flow-Erhöhung sein. Weiterhin besteht bei Investment-Centern mit CVA- oder Free-Cash-flow-Vorgabe die Möglichkeit, notwendige Investitionen aufzuschieben, was zur Beeinträchtigung der Geschäftstätigkeit führen könnte.[3] Stattdessen besteht eher noch der Anreiz der Desinvestition, da hierdurch der Cash flow ohne große Zeitverzögerung erhöht werden kann.[4] Dabei kann auch festgestellt werden, dass der Anreiz für verspätete Auszahlungen beim CVA geringer ist, zum einen da der Brutto Cash flow ohnehin auf buchhalterischen Aufwendungen, ungeachtet ihrer Zahlungswirksamkeit, basiert, zum anderen, da er Investitionen über mehrere Perioden verteilt. Ein Unterlassen hätte also lediglich einen Effekt in der Folgeperiode durch die fehlende ökonomische Abschreibung anstatt,

---

[1] vgl. Plaschke [Incentive] 135
[2] vgl. Pfaff/Stefani [Führung] 68
[3] vgl. Gladen [Performance] 200
[4] vgl. Plaschke [Incentive] 135

wie beim Free Cash flow, eine sofortige Ersparnis der Investitionsausgabe. Beim CVA besteht jedoch noch der Anreiz, dass der Entscheidungsträger seine Anstrengung in eine Reduzierung der Bruttoinvestitionsbasis steckt, was zu niedrigeren ökonomischen Abschreibungen und kalkulatorischen Zinsen führt, obwohl er seine Anstrengungen in die Steigerung der eigentlichen Überschussgröße stecken sollte.[1] Cash-flow-Größen weisen damit bei periodenbezogener Betrachtung alle eine Kollusionsgefahr auf, wobei der CVA davon noch die niedrigste, aufgrund der Periodisierung der Zahlungen, aufweist. Diese Problematik lässt sich dabei kaum durch eine Umdefinierung der Cash-flow-Größen lösen, sondern eher durch die anderen Mechanismen eines Belohnungssystems.

4.3 Gestaltung geeigneter Belohnungsfunktionen innerhalb eines Cash-flow-orientierten Belohnungssystems

Eine Belohnungsfunktion gibt den Zusammenhang zwischen Höhe der Belohnung und Höhe der Bemessungsgrundlage an.[2] Sie ist steigend, wenn auch nicht monoton, d. h. eine Steigerung der Bemessungsgrundlage führt entweder zu einer Erhöhung oder Stagnation der Belohnung, nie aber zu einem Rückgang. Oftmals wird die Funktion in ein fixes Gehalt und eine variable Vergütung unterteilt.[3] Das fixe Gehalt soll einen angemessenen Lebensstandard garantieren, d. h. auch wenn der variable Anteil wegfällt, sollte dies nicht existenzbedrohend werden.[4] Der Anteil fixer und variabler Bestandteile führt zudem zu einer Verteilung des Ergebnisrisikos zwischen den Parteien.[5] Der Anteil sollte daher so gewählt werden, dass Manager auf höheren Ebenen einen höheren variablen Anteil erhalten, Mitarbeiter auf tieferen Ebenen einen hohen fixen Anteil. Dies entspricht im Allgemeinen

---

[1] vgl. Weißenberger [Shareholder] 18, ursprünglich Gleißner [Kapitalkosten] 229
[2] vgl., auch im Weiteren, Troßmann [Controlling] 233
[3] vgl. Friedl [Controlling] 337, Gladen [Performance] 196 f.
[4] vgl. Plaschke [Incentive] 245, ursprünglich Schätzle/Prechtel [Unternehmenswert] 50 ff.
[5] vgl. Hungenberg [Anreiz] 360 f.

auch ihren Risikopräferenzen[1] und bringt Manager in eine ähnliche Situation wie Unternehmer oder Aktionäre, da sie jetzt auch ein „Verlustrisiko" in Höhe des variablen Anteils tragen. Im PKW-Absatz bedeutet dies, dass der Manager einer Vertriebsgesellschaft einen hohen variablen Vergütungsanteil erhalten sollte, ein Vertriebsmitarbeiter aber einen deutlich geringeren.

Die Bemessungsgrundlage kann entweder als absolute Größe oder als Differenz zwischen realisierter und geplanter Höhe definiert sein.[2] Bei Budget-Vorgaben spielt die Differenz zwischen einer Plangröße und der realisierten Höhe eine wichtige Rolle. Durch die Belohnungsfunktion bei der der Vorgabe von Cash-flow-Größen können insbesondere zwei Probleme gemildert werden. Zum einen ist dies die Problematik der kurzfristigen Optimierung des Cash flows, was zu hohen Geldbeständen führt und dadurch die Problematik der Free-Cash-flow-Hypothese herbefiühren kann.[3]

Zum anderen ist dies die Problematik, einen geeigneten Plan der dezentralen Einheit zur Ableitung von Vorgaben zu erhalten. Zur Verbesserung des ersten Problems, wäre die Einführung von Beschränkungen der Belohnungsfunktion, sogenannte Caps und Floors, denkbar.[4] Geht man von einer Planvorgabe aus, so ist bei Cash-flow-Größen zwar ein Übertreffen der Vorgabe erwünscht, möglicherweise aber nur in einem gewissen Ausmaß, da es sonst zu einer übermäßigen Kassenhaltung kommt, die nicht in sinnvolle Projekte investiert werden kann. Daher bietet sich ab einer bestimmten Höhe ein Cap an, d. h. mit steigender Bemessungsgrundlage wird die Belohnung nicht mehr erhöht. Oftmals wird auch die Beschränkung nach unten als Floor verlangt, damit der Entscheidungsträger keine Einbußen über seine variablen Einkünfte hinaus erleidet.[5] Dies

---

[1] vgl. Troßmann [Controlling] 246
[2] vgl. Friedl [Controlling] 334
[3] vgl. Jensen [Agency] 323 ff.
[4] vgl. Gladen [Performance] 196
[5] vgl. Hungenberg [Anreiz] 360

ist vor dem Hintergrund der Existenzbedrohung durch Reduzierung des Fixgehalts verständlich. Hier erfolgt allerdings eine Trennung von Berechnung der Belohnung und tatsächlicher Ausschüttung. Daher soll bei starker Planabweichung ein Verlust berechnet werden, der nicht das Fixgehalt reduziert, sondern stattdessen mit einem Guthaben in der Bonusbank verrechnet oder vorgetragen wird.[1] Natürlich kann auch ein Toleranzbereich der Planabweichung vereinbart werden, d. h. wenn der Plan nur knapp nicht erreicht wird, erfolgt in einem bestimmten Intervall eine Kürzung der Belohnung. Sollte die Abweichung sehr hoch sein, erfolgt die Verlustbeteiligung. Der Mechanismus ist in Abbildung 11 erkennbar.

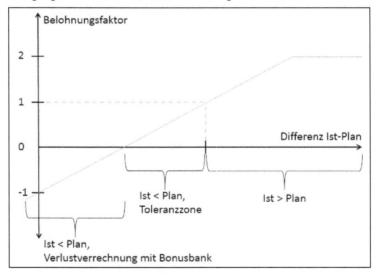

Abb. 11: Belohnungsfunktion mit Verlustbeteiligung (eigene Darstellung, angelehnt an Plaschke [Incentive] 278)

Der Belohnungsfaktor ist der Faktor, der mit der vereinbarten Belohnung bei Zielerreichung multipliziert wird. Wird das Ziel genau erreicht, wird die vereinbarte Belohnung gewährt. Darüber kann sie bis zum Faktor 2 steigen, allerdings auch zu einem Verlust führen. Der Verlust wird dann mit dem

---

[1] vgl. Laux [Anreiz] 277

Guthaben innerhalb der Bonusbank, welche in Kapitel 4.4 vorgestellt wird, verrechnet. Problematisch ist allerdings die Festsetzung der Plangröße. Wird sie Bottom-up, also auf Basis der Planungen der dezentralen Einheit, abgeleitet, so besitzt diese einen Anreiz zur nicht-wahrheitsgemäßen Berichterstattung.[1] Wird sie Top-down von der Zentrale festgesetzt, wird die bessere Informationslage der dezentralen Einheit nicht genutzt. Zudem hat dies eine negative Motivationswirkung, da unrealistische Vorgaben gemacht werden könnten.[2] Eine Lösung wäre eine Abstimmung per Gegenstromverfahren, d. h. beide Seiten stimmen sich über die finalen Plangrößen sukzessiv ab. Daneben könnte die Belohnungsfunktion selbst zu wahrheitsgemäßer Berichterstattung motivieren. Dafür kann das Weitzman-Schema verwendet werden. Ihm liegt folgende Belohnungs-funktion des Bereichs i zugrunde mit $0 < \beta < \alpha < \gamma$.[3]

$$B_i = Fixum_i + \alpha_i * CF_i^{plan} + \begin{cases} \beta_i * \left(CF_i^{tat} - CF_i^{plan}\right) \ f\ddot{u}r \ CF_i^{tat} \geq CF_i^{plan} \\ \gamma_i * \left(CF_i^{tat} - CF_i^{plan}\right) \ f\ddot{u}r \ CF_i^{tat} < CF_i^{plan} \end{cases}$$

Die Belohnung ist also zum einen abhängig vom geplanten und gemeldeten Cash flow mit dem Faktor α, zum anderen von einem Korrekturterm. Ist der realisierte Cash-flow größer als der gemeldete, so erhöht die Differenz die Belohnung um den Faktor β. Ist die Differenz kleiner, so wird die Belohnung um den Faktor γ gesenkt. Bei positiver Differenz sorgt $\beta < \alpha$ dafür, dass eine wahrheitsgemäße Planung zu einer höheren Belohnung führt, als das Anstreben einer möglichst hohen Differenz zwischen berichteter und realisierter Größe. Dafür setzt $\alpha < \gamma$ Anreize zur möglichst guten Zielerfüllung, da ansonsten ein Teil der Belohnung wieder abgezogen wird. Bei genügend großem γ könnte der Korrekturterm auch den α-Term übersteigen und es zu einer Verlustbeteiligung, ähnlich wie in der ersten Funktion dieses Kapitels, kommen.

Die höchste Belohnung kann also nur durch eine wahrheitsgemäße

---

[1] vgl. Friedl [Controlling] 330, ursprünglich Weitzman [Incentive] 251 ff.
[2] vgl., auch im Weiteren, Troßmann [Controlling] 100 f.
[3] vgl. Troßmann [Controlling] 251

Berichterstattung erreicht werden, darüber hinaus wird auch zu anreiz-kompatiblem Verhalten motiviert.[1] Natürlich sind auch Erweiterungen des Weitzman-Schemas denkbar, z. B. indem man es um einen Cap, wie im ersten Beispiel, ergänzt.

4.4 Die Bonusbank als Ausschüttungsregel zur langfristigen Anreizsicherung bei periodenindividueller Cash-flow-Betrachtung

Die letzte, zu gestaltende Komponente des Belohnungssystems für Manager von Vertriebsgesellschaften, ist die Ausschüttungsregel. Diese legt den Zeitpunkt der Auszahlung der Belohnung fest.[2] Dies bedeutet, dass die Periode der Belohnungsberechnung über die Belohnungsfunktion nicht der Periode der tatsächlichen Ausschüttung der Belohnung ent-sprechen muss. Hierbei muss ein Kompromiss zwischen zwei Spannungs-feldern gefunden werden. Zum einen wird verlangt, dass Entscheidungs-träger unmittelbar die Konsequenzen ihrer Entscheidungen spüren sollen.[3] Zum anderen können sich Entscheidungen auf mehrere Perioden auswir-ken, ihre Zielwirkung ergibt sich also erst nach einem längeren Zeitraum. Zur Lösung des Konflikts, wird ein Kompromiss zwischen kurz- und lang-fristiger Ausschüttung vorgeschlagen,[4] d. h. ein Anteil der Belohnung wird sofort, ein anderer verzögert ausbezahlt. Bei Cash flows als periodische Bemessungsgrundlage eines Belohnungssystems ist dies insbesondere aufgrund der bereits genannten Gefahr der kurzfristigen Optimierung nötig. Als Instrument dazu kann eine Bonusbank dienen. Diese dient der Verzögerung von Belohnungsausschüttungen.[5] Dabei wird davon aus-gegangen, dass die Belohnung auf monetärer Basis erfolgt. Die Funktions-weise läuft dabei grundsätzlich so ab, dass, bei positiver Belohnung, in einer Periode ein Anteil dieser Belohnung in die Bonusbank einbezahlt wird. Dieser Anteil wird zur Berücksichtigung des Zeitwerts des Geldes verzinst.

---

[1] vgl. Friedl [Controlling] 349 f.
[2] vgl. Hungenberg [Anreiz] 361
[3] vgl., auch im Weiteren, Friedl [Controlling] 338
[4] vgl. Hungenberg [Anreiz] 361
[5] vgl., auch im Weiteren, Gladen [Performance] 211

In der Folgeperiode wird erneut ein Anteil einer positiven Belohnung in die Bonusbank einbezahlt. Schließlich erfolgt die Auszahlung des Guthabens zu einem festgelegten Zeitpunkt. Im Fall einer negativen Belohnung, wie er etwa aus der Belohnungsfunktion in 4.3 entstehen kann, wird die komplette negative Belohnung mit dem Guthaben in der Bonusbank verrechnet. Sollte dies nicht möglich sein, wird der Restbetrag in die nächste Periode vorgetragen.[1] In späteren Perioden kommt es also nur zu einer Auszahlung, wenn der negative Saldo der Bonusbank durch positive Beträge wieder ausgeglichen wurde. Dadurch soll es zu einer Verlustbeteiligung des Entscheidungsträgers kommen, ohne dass er die negative Belohnung durch sein fixes Gehalt decken muss.[2]

Für eine volle Verlustbeteiligung müsste der Manager etwa zu Beginn selbst eine Einlage in die Bonusbank bringen.[3] Ein anderer Vorschlag sieht die Gewährung eines fiktiven Startguthabens für den Manager vor, das als eine Art Puffer dienen soll. D. h. mit dem Guthaben können Projekte ausgeglichen werden, die zunächst negative Cash flows nach sich ziehen, aber eigentlich vorteilhaft sind.[4] Ein negativer Saldo am Ende der Bonusbank-Laufzeit könnte etwa in die nächste Periode vorgetragen werden.[5] Teilweise wird auch eine Streichung oder ein Verlustausgleich verlangt.[6]

Unabhängig von der Detailausgestaltung, sollen mit der Bonusbank verschiedene Zwecke erfüllt werden. Zum einen soll die Weitsichtigkeit des Entscheidungsträger gefördert werden, er soll also die Konsequenzen seiner Entscheidungen auf die Folgeperioden bei seiner Entscheidung bedenken.[7] Insbesondere in Verbindung mit periodenbezogenen Größen,

---

[1] vgl. Laux [Anreiz] 349
[2] vgl. Laux [Steuerung] 629
[3] vgl. Gladen [Performance] 212
[4] vgl. Stewart [Quest] 233 ff.
[5] vgl. Laux [Anreiz] 359
[6] vgl. Gladen [Performance] 212
[7] vgl., auch im Weiteren, Plaschke [Incentive] 201

wie dem Cash flow, ist dies von Bedeutung. Zusätzlich soll sie einen Glättungseffekt haben, d. h. die Auswirkungen von Entscheidungen über die Zeit glätten, so etwa bei Investitionen, die anfangs häufig zu negativen Cash flows führen würden.[1] Schließlich soll die Bonusbank auch Manager zum Verbleib im Unternehmen motivieren, wenn sie bereits ein hohes Guthaben in der Bonusbank angesammelt haben. Letzter Punkt impliziert, dass ein Ausscheiden des Managers eine negative Konsequenz auf das Bonusbank-Guthaben haben muss, es könnte z. B. ohne Auszahlung verfallen.

Schließlich stellt sich noch die Frage des nach dem Zinssatz, mit dem das Guthaben in der Bonusbank in jeder Periode verzinst werden soll. Dabei soll der Manager gleichgestellt werden zwischen einer sofortigen und einer umperiodisierten Bonusauszahlung, beide sollen also zum gleichen Endwert führen. Daher muss die Bonusbank mit dem, aufgrund der Nicht-Ausschüttung entgangenen Zinssatz des Managers, also seinem Opportunitätszinssatz, verzinst werden. Plaschke schlägt etwa einen Zinssatz vor, der sich aus der Rendite der Investoren ergibt.[2] Orientiert man sich am PKW-Absatz, so würde dies bedeuten, dass ein Manager einer Vertriebsgesellschaft der Daimler AG die selbe Verzinsung wie die Aktionäre erhält, obwohl er nicht für andere Geschäftsfelder des Konzerns verantwortlich ist. Aufgrund seiner Risikoneigung wäre er zudem vielleicht gar nicht in den betreffenden Anlageklassen investiert, d. h. sein Opportunitätszins würde sich eher an risikolosen Anlagen orientieren. Deshalb gibt es auch Ansätze der Bonusbank mit einem risikolosen Zinssatz.[3]

Wie könnte also eine Bonusbank für ein Belohnungssystem mit Cash flows für den PKW-Absatz aussehen? Zunächst ist die Höhe der Belohnung anhand einer Belohnungsfunktion, wie in 4.3, zu berechnen, etwa für den Manager einer Vertriebsgesellschaft. Aus Gründen der Effizienz sollte bereits im Voraus vereinbart sein, welcher Anteil der Belohnung sofort und

---

[1] vgl. Velthuis/Wesner [ERIC] 144
[2] vgl. Plaschke [Incentive] 201
[3] vgl. Velthuis/Wesner [ERIC] 146

welcher in die Bonusbank eingestellt und damit später ausgeschüttet wird. Der Anteil fixer und variabler Komponenten des Belohnungssystems sollte sich zudem an der Risikopräferenz des Entscheidungsträgers orientieren, wobei mit tieferer Hierarchiestufe eine höhere Risikoaversion unterstellt wird,[1] d. h. der variable Gehaltsanteil sollte mit der Hierarchiestufe ansteigen. Wenn bei der Belohnungsfunktion ein Cap vereinbart wurde, sollte im Falle von Cash-flow-Größen darauf verzichtet werden, den überschüssigen Teil in die Bonusbank einzustellen,[2] da dies wieder zu einem Anreiz zur Steigerung des Cash flows und damit zu einer möglicherweise überhöhten Kassenhaltung führt. Floors als Verlustbegrenzung der Belohnungsfunktion sollten im Zusammenhang mit einer Bonusbank nicht verwendet werden, denn der Verlustbetrag wird mit dem Guthaben der Bonusbank verrechnet oder vorgetragen, nicht dem Fixgehalt des Managers abgezogen. Er wird in seiner Existenz dadurch nicht bedroht. Die Beträge in der Bonusbank werden jährlich verzinst, um den Zeitwert des Geldes zu berücksichtigen. Schließlich ist der Zeitpunkt der Ausschüttung des Bonusbank-Guthabens zu wählen. Für den PKW-Absatz wäre etwa der Zyklus eines wichtigen PKW-Modells ein denkbarer Zeitraum für einen Bonusbank-Zyklus. Nach diesem Zeitraum erfolgt die Ausschüttung des Guthabens, gewissermaßen als Belohnung für die gesamten absatzwritschaftlichen Bemühungen des Managers über den Modellzyklus hinweg. Abbildung 12 verdeutlicht den Mechanismus nochmals.

Die Belohnung basiert dabei, wie in 4.3, auf einer Abweichung zwischen geplantem und realisiertem Cash flow. Bei genauem Eintreffen der Planung, erhält der Entscheidungsträger eine Belohnung von 10 Geldeinheiten, andernfalls entsprechend mehr oder weniger, wobei auch ein Verlust möglich ist. Die Hälfte der Belohnung wird sofort ausgeschüttet, die andere verbleibt in der Bonusbank. Ein Verlust wird sofort vollständig mit der Bonusbank verrechnet, wie hier in Periode t_1. Das Guthaben wird mit 5 %

---

[1] vgl. Hachmeister [Maße] 1386
[2] vgl. Laux [Anreiz] 349

verzinst und in die nächste Periode übertragen. Wenn man von einem Zyklus für die Bank von vier Jahren ausgeht, erfolgt die Ausschüttung Ende t_3 mit 6,27 Geldeinheiten.

Bonusbank-Mechanismus	t_0	t_1	t_2	t_3
Cash flow				
Plan	300,00	400,00	300,00	200,00
Ist	400,00	180,00	250,00	200,00
Differenz Ist-Plan	100,00	-220,00	-50,00	0,00
Belohnung = 10+0,1*(Ist-Plan)	20,00	-12,00	5,00	10,00
Auszahlung				
50% sofortige Auszahlung	10,00	0,00	2,50	5,00
Verlust in Bonusbank		-12,00		
50% Einzahlung Bonusbank	10,00	0,00	2,50	5,00
Guthaben inkl. Zins t-1	0,00	10,50	-1,58	0,97
Zahlungen Bonusbank	10,00	-12,00	2,50	5,00
Guthaben t	10,00	-1,50	0,93	5,97
Zinsen 5%	0,50	-0,08	0,05	0,30
Guthaben inkl . Zins t	10,50	-1,58	0,97	6,27

Abb. 12: Beispiel der Wirkungsweise einer Bonusbank mit Cash-flow-Größen für den PKW-Absatz (eigene Darstellung)

4.5 Gesamtbeurteilung eines Belohnungssystems mit Cash-flow-Größen für Manager im PKW-Absatz

Abschließend soll das Belohnungssystem mit Cash-flow-Größen in seiner Gesamtheit betrachtet werden. Die Auswahl der Bemessungsgrundlage orientiert sich an den Kriterien der Anreizkompatibilität, Controllabilty und Kollusionsfreiheit. Ebenso wird die Organisationsform der Vertriebs-gesellschaft bei der Beurteilung berücksichtigt. Sollte die Vertriebs-gesellschaft als Profit-Center geführt werden, so bietet sich der operative Cash flow als Vorgabegröße an, da dieser sowohl einen definitorischen Zu-sammenhang zum Shareholder Value aufweist, als auch aus Controllability-Sicht die geringsten Schwächen zeigt. Eine Free-Cash-flow- oder CVA-Vorgabe eignet sich dagegen weniger, da Profit-Center Investitions-entscheidungen nicht selbständig treffen können. Kollusives Verhalten wäre bei Überstrapazierung von Zahlungszielen zur Verbesserung der Bemessungsgrundlage denkbar. Wird die Vertriebsgesellschaft als Investment-Center geführt, dies wäre etwa bei solchen mit angeschlossener Produktion oder Entscheidungsfreiheit über die Eröffnung neuer Autohäuser denkbar, so sind operativer und Free Cash flow nicht anreizkompatibel, da diese zu einer Über- bzw. Unterinvestition führen würden. Da Investment-Center über ihre Investitionen entscheiden können, wird die Controllability bei allen drei Cash-flow-Größen als gut angesehen, letztlich wird aber der Cash Value Added als Bemessungsgrundlage empfohlen, da dieser Eigenkapitalkosten berücksichtigt und Investitionsausgaben über die Laufzeit verteilt, weshalb es nicht zu einem Unterinvestitionsproblem kommt. Eine Manipulierbarkeit durch Ansatz- oder Bewertungsspielräume wird bei Cash-flow-Größen als eher gering eingestuft. Durch die periodenindividuelle Betrachtung entsteht jedoch die Problematik der kurzfristigen Optimierung durch Verschieben von Zahlungen. Diesem Problem wird zum einen durch die Beschränkung der Belohnungsfunktion durch einen Cap begegnet. Zum anderen wird dieser Anreiz durch die Bonusbank abgeschwächt, da es zu keiner vollständigen Auszahlung der Belohnung kommt. Diese beiden Mechanismen sollen ebenso zu einer langfristigen Denkweise bei den Entscheidungsträgern führen, da sich die Konsequenzen ihrer Entscheidungen jetzt auch auf Belohnungen der Folgeperioden auswirken. Ebenso kommt es zur Verlustbeteiligung durch Verrechnung mit der Bonusbank. Die Bonusbank sorgt ebenso für eine Glättung der Belohnungen, da Cash-flow-Größen oft eine starke Schwankungsanfälligkeit unterstellt wird.[1] Das Kriterium der Effizienz des Anreizsystems wird durch die Belohnungsfunktion erfüllt, da der Entscheidungsträger auch durch die Verlustbeteiligung die Konsequenzen seines Handelns tragen muss. Die intersubjektive Überprüfbarkeit liegt ebenso vor, wenn das Belohnungssystem bereits im Voraus vereinbart wurde und auch seine Funktionsweise bekannt ist. Dieser Punkt sollte gerade bei Verwendung einer komplexeren Belohnungsfunk-

---

[1] vgl. Gladen [Performance] 147 f.

tion mit Bonusbank beachtet werden, da der Delegierte seine Entscheidungen nur an dem Belohnungssystem ausrichten kann, wenn er auch dessen Funktionsweise versteht.

Darüber hinaus stellen Marketingausgaben einen Sonderfall als investitionsähnliche Ausgaben dar, der bisher nicht betrachtet wurde. Grund hierfür ist, dass diese als operative Ausgaben auch in den Entscheidungsbereich von Profit-Centern fallen und den operativen Cash flow reduzieren würden. Ebenso erfolgt bei Marketingausgaben keine Verteilung der Ausgaben über eine Projektlaufzeit, d. h. sowohl operativer Cash flow, als auch CVA würden Marketingausgaben nicht belohnen. Lösen liese sich dies etwa durch eine Anpassung des Delegationsprinzips, indem für solche Ausgaben ein extra Kostenbudget gewährt wird, welches nicht in die Bemessungsgrundlage der Belohnung einfließt. Eine Verwendung von Cash-flow-Größen in Belohnungssystemen für Manager im PKW-Absatz ist somit möglich, wenn deren Schwächen durch andere Komponenten des Systems ausgeglichen werden. Vorteile könnten sich insbesondere aus einer besseren Liquiditätslage des Unternehmens ergeben, indem vor allem Anreize zur Verbesserung des Working Capitals gegeben und einer schnelleren Cash-Conversion-Rate gegeben werden. Dadurch würden auch die Finanzierungsmöglichkeiten bei plötzlich auftretenden wirtschaftlichen Krisen unterstützt werden.

5. Der Einfluss einer Cash-flow-orientierten Steuerung auf die Beurteilung von Investitionen

Mit der Verwendung einer bestimmten Vorgabegröße, geht oft eine Verhaltensausrichtung an dieser Größe einher. Wenn die Vorgabegröße eine Cash-flow-Größe ist, so könnte es generell zu einer höheren Relevanz solcher Größen innerhalb einer Unternehmung kommen. Wünschenswert wäre dies vor allem bei der Verwendung von Investitionsrechnungen zur Projektbeurteilung. Während statische Methoden der Investitionsrechnung hier mit Größen der Kosten- und Leistungsrechnung arbeiten, sind dynamische Methoden zahlungsorientiert. Letztere verwenden daher die in dieser Arbeit im Fokus stehenden Cash-flow-Größen zur Projektbeurteilung. Dynamische Methoden besitzen dabei den Vorteil, dass sie den zeitlichen Anfall von Zahlungen genau berücksichtigen können. Aus entscheidungslogischer Sicht sind sie damit vorzuziehen.[1] Trotzdem weisen statische Methoden eine beständige Beliebtheit in der Investitionsbeurteilung auf, Fehlentscheidungen durch ungeschickt verwendete Methoden sind hier die Konsequenz. Die Verwendung von Cash-flow-Größen zur Steuerung mag daher zu einer Verhaltensänderung im Unternehmen bei der Methodenwahl zur Beurteilung von Investitionen führen.[2] Neben einer Erfolgsmessungs- und Selbstfinanzierungswirkung, können Cash-flow-Größen in Anreizsystemen daher auch zu einer besseren Fundierung von Investitionsentscheidungen beitragen. Dies liegt sowohl im Sinne des Unternehmens, als auch der Investoren. Wird der Fokus der Manager des Unternehmens auf Cash-flow-Größen gelenkt, so ist auch die aktuell vieldiskutierte Cash-flow-Planung zur Liquiditätssicherung leichter vermittelbar.[3] Der Einsatz eines solchen Cash-flow-orientierten Anreizsystems ist dabei natürlich nicht nur auf den PKW-Absatz begrenzt, sondern ist allgemein zur Steuerung dezentraler Einheiten anwendbar. Hier sollte jedoch auch die organisatorische Ausgestaltung der Entscheidungseinheiten beachtet werden.

---

[1] vgl. Troßmann [Investition] 86 ff.
[2] vgl. Weber/Wewer [Verhaltensänderung] 28
[3] vgl. Haerle/Hellener/Kaum [Kerngröße] 86 ff.

Literaturverzeichnis

Arbeitskreis internes Rech-nungswesen der Schmalen-bach-Gesellschaft:	[Vergleich] Vergleich von Praxis-konzepten zur wertorientierten Unter-nehmenssteuerung. In: ZfbF (62) 2010, S. 797 – 820.
Atkinson, Anthony:	[Evaluation] Performance Evaluation. In: Handwörterbuch Unternehmensrech-nung und Controlling. Hrsg. von H.-U. Küpper und A. Wagenhofer. Stuttgart 2002, Sp. 1375 – 1384.
Audi:	[Geschäft] Audi Geschäftsbericht 2015.
Ballwieser, Wolfgang und Dirk *Hachmeister:*	[Bewertung] Unternehmensbewertung. Prozess, Methoden und Probleme. 4. Aufl., Stuttgart 2013.
Bassen, Alexander:	[Cash Flow] Cash Flow. In: Vahlens Großes Auditing Lexikon. Hrsg. von C.-C. Freidank, L. Lachnit und J. Tesch. München 2007, S. 257 – 258.
Behringer Stefan und Michael *Lühn:*	[Cash-flow] Cashflow und Unter-nehmensbeurteilung. Berechnungen und Anwendungsfelder für die Finanz-analyse. 11. Aufl., Berlin 2016.
BMW:	[Geschäft] Geschäftsbericht 2015.

Brealy, Richard A., Stewart C. *Myers* und Franklin *Allen:* [Finance] Principles of Corporate Finance. 10. Aufl., New York 2011.

Bühner, Rolf: [Gewinn] Gewinn kontra Cash-flow – der richtige Maßstab für unternehmerisches Management. In: Handelsblatt. Nr. 205 24.10.1990, S. 30.

Bühner, Rolf und Hans-Joachim *Weinberger:* [Cash-Flow] Cash-Flow und Shareholder Value. In: Betriebswirtschaftliche Forschung und Praxis (43) 1991, S. 187 – 208.

Daimler: [Geschäftsbericht] Geschäftsbericht 2015.

Diez, Willi: [Vertrieb] Automobilwirtschaftliche Vertriebssysteme und die Rolle des Automobilhandels. Entwicklung und Perspektiven. In: Grundlagen der Automobilwirtschaft. Hrsg. von S. Reindl, H. Brachat und W. Diez. München 2012, S. 275 – 307.

Ebeling, Cordula: [Erfolg] Erfolgsfaktoren einer wertorientierten Unternehmensführung. Diss. Univ. Köln 2006. Wiesbaden 2007.

Ferdows, Kasra: [Factories] Making the Most of Foreign Factories. In: Harvard Business Review (75) 1997, S. 73 – 88.

Frese, Erich und
Patrick *Lehmann:*

[Profit-Center] Profit Center. In: Hand-wörterbuch Unternehmensrechnung und Controlling. Hrsg. von H.-U. Küpper und A. Wagenhofer. Stuttgart 2002, Sp. 1540 – 1551.

Friedl, Birgit:

[Controlling] Controlling. 2. Aufl., Kon-stanz u. a. 2013.

Gillespie, Kate und
H. David *Hennessey:*

[Global] Global Marketing. 4. Aufl., New York 2016.

Gladen, Werner:

[Performance] Performance Measure-ment. Controlling mit Kennzahlen. 6. Aufl., Wiesbaden 2014.

Gleißner, Werner:

[Kapitalkosten] Der Schwachpunkt bei der Unternehmensbewertung und im wertorientierten Management. In: Finanz -Betrieb (7) 2005, S. 217 – 228.

GVO:

[GVO 1400/2002] Kraftfahrzeugvertrieb und -kundendienst in der europäischen Union. Verordnung (EG) Nr. 1400/2002 vom 31. Juli 2002. Über die Anwendung von Artikel 81 Absatz 3 des Vertrags auf Gruppen von vertikalen Vereinbarungen und aufeinander abgestimmten Ver-haltensweisen im Kraftfahrzeugsektor. Leitfaden. Europäische Kommission – Generaldirektion Wettbewerb, 2002.

Hachmeister, Dirk:

[Maße] Erfolgsorientierte Performance-maße. In: Handwörterbuch Unternehmensrechnung und Controlling. Hrsg. von H.-U. Küpper und A. Wagenhofer. 4. Aufl., Stuttgart 2002, Sp. 1385 – 1395.

Haerle, Tobias, Simone *Hellener* und Stephan *Kaum:*

[Kerngröße] Cash Flow als Kerngröße in der Unternehmenssteuerung. In: Controller-Magazin (37) 2012, S. 86 – 91.

Hatzfeld, Oliver:

[Optimierung] Optimierung des Automobilvertriebs auf Großhandelsebene. Am Beispiel der Kleinwagenmarke eines Automobilherstellers in Baden-Württemberg. In: Management von Wachstum und Globalisierung. Band 5. Hrsg. von W. G. Faix u. a. Stuttgart 2013. S. 1014 – 1044.

Hauschildt, Jürgen:

[Zielsysteme] Zielsysteme. In: Handwörterbuch der Organisation. Hrsg. von E. Grochla. 2. Aufl., Stuttgart 1980, Sp. 2417 – 2430.

Heil, Rainer u. a.:

[Steuerung] Cashflow Planung, -Reporting und Steuerung: Methoden zur erfolgreichen Umsetzung in der Praxis. In: Der Betrieb (26/27) 2011, S. 1457 – 1461.

Heß, Andreas:

[Konflikte] Konflikte in vertraglichen Vertriebssystemen der Automobilwirtschaft. Diss. Univ. Bamberg 1994. Ottobrunn 1994.

Hungenberg, Harald:

[Anreiz] Anreizsysteme für Führungskräfte. Theoretische Grundlagen und praktische Ausgestaltungsmöglichkeiten. In: Strategische Unternehmensplanung – Strategische Unternehmensführung. Hrsg. von D. Hahn und B. Taylor. 9. Aufl., Berlin u. a. 2006, S. 353 – 364.

Ireland, R. Duane, Robert E. *Hoskisson* und Michael A. *Hitt:*

[Strategic] Strategic Management. Competitiveness & Globalization. 12. Aufl., Boston 2016.

Insolvenzordnung:

[InsO] Insolvenzordnung. In: Aktuelle Wirtschaftsgesetze 2016. Beck'sche Textausgaben. 17. Aufl., München 2015, S. 1047 – 1148.

Jensen, Michael C.:

[Agency] Agency Costs of Free Cash Flow, Corporate Finance and Takeovers. In: American Economic Review (76) 2/1986, S. 323 – 329.

Kah, Arnd:

[Profitcenter] Profitcenter-Steuerung. Ein Beitrag zur theoretischen Fundierung des Controlling anhand des Principal-Agent-Ansatzes. Diss. Univ. München 1993. Stuttgart 1994.

Klepzig, Heinz-Jürgen:

[Working Capital] Working Capital und Cash Flow. Finanzströme durch Prozessmanagement optimieren. 3. Aufl., Wiesbaden 2014.

Küpper, Hans-Ulrich u. a.:

[Controlling] Controlling. Konzeption, Aufgaben, Instrumente. 6. Aufl., Stuttgart 2013.

Kürsten, Wolfgang:

[Finanzierung] Finanzierung. In: Vahlens Kompendium der Betriebswirtschaftslehre. Hrsg. von M. Bitz. 5. Aufl., München 2005, S. 173 – 235.

Küting, Karlheinz und Claus-Peter *Weber:*

[Konzern] Der Konzernabschluss. Praxis der Konzernrechnungslegung nach HGB und IFRS. 13. Aufl., Stuttgart 2012.

Lange, Ralph und Annu *Walth:*

[Top-Manager] Anreizsysteme für Top-Manager im Lichte der regulatorischen Rahmenbedingungen. In: ZfCM Sonderheft 3/2011, S. 31 – 35.

Laux, Helmut:

[Anreiz] Unternehmensrechnung, Anreiz und Kontrolle. 3. Aufl., Berlin u.a. 2006.

Lewis, Thomas G.:

[Unternehmenswert] Steigerung des Unternehmenswertes. 2. Aufl., Landsberg/Lech 1995.

Lücke, Wolfgang:	[Grundlage] Investitionsrechnungen auf der Grundlage von Ausgaben oder Kosten? In: Zeitschrift für handelswissenschaftliche Forschung (7) 1995, S. 310 – 324.
Meffert, Heribert, Manfred *Bruhn* und Karsten *Hadwich:*	[Dienstleistung] Dienstleistungsmarketing. Grundlagen – Konzepte – Methoden. 8. Aufl., Wiesbaden 2015.
Meffert, Heribert, Christoph *Burmann* und Manfred *Kirchgeorg:*	[Marketing] Marketing. Grundlagen marktorientierter Unternehmensführung. Konzepte – Instrumente – Praxisbeispiele. 12. Aufl., Wiesbaden 2015.
Mochel, Thomas und Björn *Stolte:*	[Forderung] Forderungsmanagement für den Mittelstand. Debitorenmanagement optimieren und Forderungsausfälle reduzieren. In: Controlling (18) Nr. 4-5/ 2006, S. 229 – 235.
Pfaff, Dieter:	[Fragen] Methodische Fragen einer internationalen Konzernkostenrechnung. In: Kostenrechnung im international vernetzten Konzern. Hrsg. von K.-P. Franz. Düsseldorf u.a. 2003, S. 29 – 46.
Pfaff, Dieter und Oliver *Bärtl:*	[Vergleich] Wertorientierte Unternehmenssteuerung. Ein kritischer Vergleich ausgewählter Konzepte. In: ZfbF Sonderheft 41/1999, S. 85 – 115.

Pfaff, Dieter und
Ulrike *Stefani:*

[Führung] Wertorientierte Unternehmensführung, Residualgewinne und Anreizprobleme. In: ZfbF Sonderheft 2003, S. 51 – 76.

Pfaff, Dieter und U
Irike *Stefani:*

[Verrechnungspreise] Verrechnungspreise in der Unternehmenspraxis. Eine Bestandsaufnahme zu Zwecken und Methoden. In: Controlling (18) Nr. 10/2006, S. 517 – 524.

Picot, Arnold u. a.*:*

[Organisation] Theorie und Praxis aus ökonomischer Sicht. 6. Aufl., Stuttgart 2012.

Plaschke, J. Frank:

[Incentive] Wertorientierte Management-Incentivesysteme auf Basis interner Wertkennzahlen. Diss. Univ. Dresden 2002. Wiesbaden 2003.

Posselt, Thorsten:

[Gestaltung] Die Gestaltung von Distributionssystemen. Eine institutionenökonomische Untersuchung mit einer Fallstudie aus der Mineralölwirtschaft. Habil. Univ. Frankfurt am Main 2000. Stuttgart 2001.

Rappaport, Alfred:

[Value] Creating Shareholder Value. 2. Aufl., New York, London 1998.

Refäuter, Dirk:	[Basis] Strategisches Controlling auf der Basis des Cash Flow. Diss. Univ. Dortmund 1990. Wiesbaden u.a. 1990.
Reichmann, Thomas:	[Kennzahlen] Controlling mit Kennzahlen. 8. Aufl., München 2011.
Richartz, Jörg:	[Automobil] Anreizsysteme zur Steuerung der Hersteller-Händler-Beziehung in der Automobilindustrie. Frankfurt u. a. 2009.
Schätzle, Rainer J. und Andreas *Prechtel:*	[Unternehmenswert] Unternehmenswert langfristig steigern. In: Gablers Magazin Nr. 6-7/1998, S. 50 – 53.
Siegwart, Hans:	[Cash-flow] Der Cash-flow als finanz- und ertragswirtschaftliche Lenkungsgröße. 2. Aufl., Stuttgart 1990.
Solomons, David:	[Measurement] Divisional Performance: Measurement and Control. New York 1965.
Spremann, Klaus:	[Agent] Agent and Principal. In: Agency Theory, Information, and Incentives. Hrsg. von G. Bamberg und K. Spremann. Berlin 1987, S. 3 – 38.
Stewart, G. Bennett:	[Quest] The Quest for Value. A Guide for Senior Managers. New York 1991.

Stern Stewart & Co.:   [EVA] EVA-Roundtable. In: Journal of Applied Corporate Finance (7) 1994, S. 46 – 70.

Troßmann, Ernst: [Controlling] Controlling als Führungsfunktion. Eine Einführung in die Mechanismen betrieblicher Koordination. München 2013.

Troßmann, Ernst: [Instrument] Kennzahlen als Instrument des Produktionscontrolling. In: Handbuch Produktionsmanagement. Hrsg. von H. Corsten. Wiesbaden 1994, S. 517 – 536.

Troßmann, Ernst: [Investition] Investition als Führungsentscheidung. Projektrechnungen für Controller. 2. Aufl., München 2013.

Troßmann, Ernst: [Kennzahlen] Kennzahlen der wertorientierten Unternehmenssteuerung – kritisch betrachtet. In: Handbuch für Controlling und Rechnungswesen 2012. Hrsg. von G. Seicht. Wien 2012, S. 129 – 151.

Troßmann, Ernst: [Konsolidierung] Konsolidierung in der Konzernkostenrechnung. In: Kostenrechnung im international vernetzten Konzern. Hrsg. von K.-P. Franz. Düsseldorf u.a. 2003, S. 47 – 70.

Troßmann, Ernst:

[Measurement] Performance Measurement. In: Vahlens Großes Auditing Lexikon. Hrsg. von C.-C. Freidank, L. Lachnit und J. Tech. München 2007, S. 1014 - 1015.

Velthuis, Louis John und Peter *Wesner:*

[ERIC] Value Based Management. Bewertung, Performancemessung und Managemententlohnung mit ERIC. Stuttgart 2005.

Verband der Automobil-industrie e. V.:

[DIN 70010] DIN 70010. Systematik der Straßenfahrzeuge. Begriffe für Kraftfahrzeuge, Fahrzeugkombinationen und Anhängefahrzeuge. Berlin 1990.

VW:

[Geschäft] Volkswagen Geschäftsbericht 2015.

Weber, Thomas und Moritz *Wewer:*

[Excellence] Cashflow Excellence. Studie zu Cashflow-Planung und – Reporting als Grundlage einer cash-orientierten Unternehmenssteuerung. Hrsg. von PricewaterhouseCoopers. Düsseldorf 2010.

Weber, Thomas und Moritz *Wewer:*

[Verhaltensänderung] Cashflow-Orientierung braucht Verhaltensänderung der Mitarbeiter. In: Controlling & Management Review (5) 2013, S. 26 – 29.

Weitzman, Martin Lawrence: [Incentive] The New Soviet Incentive Model. In: Bell Journal of Economics (7) 1976, S. 251 – 257.

Weißenberger, Barbara E.:   [Shareholder] Shareholder Value und finanzielle Zielvorgaben im Unternehmen. Working Paper 02/2009. In: Working Paper Series Controlling & Business Accounting. Gießen 2012.

Wild, Jürgen: [Budgetierung] Budgetierung. In: Marketing Enzyklopädie. München 1974, S. 325 – 340.

Wild, Jürgen: [Führung] Führungstheorie und Führungsmodelle. In: Unternehmensführung. Hrsg. von J. Wild. Berlin 1974, S. 141 – 179.

9 783346 220127